국어 교육과 비평 경험

국어 교육과 비평 경험

김혜련

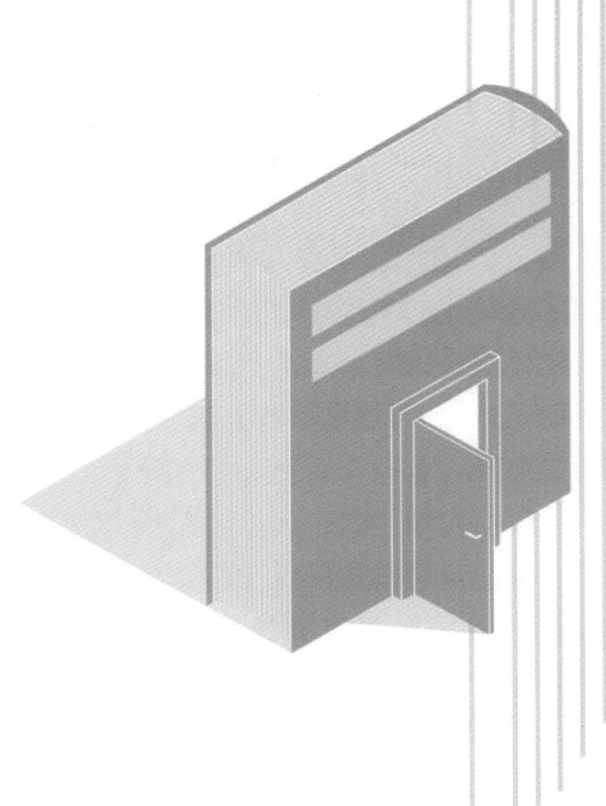

역락

머리말

한때 문학 교실에서 작품 자체에 대한 분석이 작품을 쓴 작가에 관한 전기적 사실이나 작품이 쓰인 맥락에 관한 정보를 압도하던 시대가 있었다. 그 당시에는 작품을 둘러싼 외재적 데이터보다 작품에 대한 꼼꼼한 분석을 통해 작품 자체를 이해하는 능력이 더욱 강조되었다. 당연한 결과지만 작품의 이해와 감상에서 작품을 분석하는 데 필요한 주석적 지식이 높이 평가되었다. 하나의 작품에 관한 치밀한 주석은 처음에는 문학 작품에 대한 분석 능력의 위상을 증명하는 것처럼 보였다. 그리고 그것이야말로 문학을 둘러싼 각종 정보들로부터 작품을 안전하게 구해내어 작품 자체를 옹호하는 정당한 방법이라고 믿었다.

그러나 작품을 객관적으로 분석한다고 해서 작품의 가치를 온전히 음미하고 평가할 수 있는 것은 아니었다. 작품을 파편적으로 배울수록 몰주체적이고 무비판적으로 작품을 이해하는 문제점이 덩달아 양산되었다. 문학교육 주변에서는 분석에 짓눌려 문학이 죽는다는 공공연한 소문이 난무하였다. 그런데 분석에 치중하여 텍스트를 주체적으로 평가하지 못하는 현상이 문학 교육 동네에만 해당되는 일은 아니었다. 그렇다면, 정보 과잉의 시대에 SNS를 비롯하여 인터넷 공간의 수많은 조각 정보들이 쏟아져 나오는 현실 앞에서 개별 텍스트의 의미를 이해하고 가치를 판단하여 '좋은' 텍스트를 어떻게 찾아낼 것인가? 텍스트에 대한 주석적 분석이 중심인 수업의 관행 속에서 텍스트의 가치를 판단할 수 있는 비평적 역량은 어떻게 형성할 수 있을까?

이 연구의 당초 의도는 국어 수업에서 텍스트에 대한 학습자의 비평 경험이 풍요롭게 활성화할 수 있는 교육의 무대를 기획하려는 데 있었다. 그러나 텍스트를 읽고 해석하고 평가하는 비평의 방법론을 토대로 국어 교육을 (재)구성하기 위해서는 우선 학습자가 국어교육의 장(場) 안에서 텍스트에 대한 주체적이고 능동적인 시각을 발현하고 심화할 수 있는 정합적 논리의 개발이 필요했다. 그것을 '비평 경험'으로 명명했다. '비평 경험'은 국어과 내부뿐만 아니라 교과 외부에서 다양하게 실현되는 비평 현상을 교육적으로 포괄하여 비평 경험 중심으로 국어 교육을 재구성하기 위한 준거적 개념이다. 물론 이러한 접근은 기존 국어교육학계에서는 다소 낯설고 이질적인 접근이다. 1장 "'비평 경험'이라는 문제 설정'에서는 문화적 삶의 양식이 통합되고 복잡하게 다원화되는 현대 사회야말로 비평의 교육적 복권과 설계가 간절하다는 점을 개진함으로써 본 연구서의 관점과 의도를 선명하게 드러내고자 했다. 2장 '비평의 문화사적 진단'에서는 비평이라는 용어가 동서고금을 통해 어떤 의미로 통용되었는가를 몇 가지 역사적 전거들을 통해 살펴봄으로써 비평이라는 용어의 함의를 충분히 고찰하고자 했다. 3장 '학교 교육의 장과 비평의 위상'에서는 학교 국어 교육이 비평을 어떠한 모습으로 수용하고 실행해 왔는가를 짚어 봄으로써 국어 교육과 비평의 모호하고 불안정한 관계와 양상을 드러내고자 했다. 그런 점에서 비평 중심으로 국어 교육을 기획하고 설계해야 한다는 본 연구를 위한 연구사 고찰의 성격이 강하다. 4장 '교육적 경험으로서 비평의 인식'에서는 비평의 다양한 용례들에서 평가적 속성을 복원하고 활성화하여 국어 교육의 이론적 개념으로 '비평 경험'을 제안했고, 5장 '비평 경험을 통한 교육적 정합성 개발'에서는 비평 경험의 교육적 범주와 기능을 구안하여 비평 경험의 교육적 가치를 추출하는 것으로 국어 교육에서 비평 경험의 교육적 정합성을 위한 논리를 개진했다.

이 연구의 일차적인 관심은 국어 교육에서 비평의 교육적 정당성을 탐색하여 국어 교육과 비평의 상동적 친연성을 알리는 일이었다. 그러나 연구가 진행될수록 단순히 비평의 교육적 정당성을 홍보하는 일에서 나아가 학교 공간에서 학습자들에게 유익한 비평 경험의 전유와 확충에 대한 열망이 강해졌다. 사회를 추동하는 삶의 양식과 가치가 복잡하게 다원화되어 갈수록 인간과 세계를 해석하고 가치를 판단하는 비평의 힘이 더욱 요구될 거라는 확신도 들었다. 무엇 하나 자명할 것 없는 탈근대 사회에서 인간과 세계를 해석하고 바람직한 삶을 창출할 수 있는 가치를 가려내는 능력이야말로 '지금, 여기'의 학습자들이 내면화하고 수행해야 할 실천 역량이기 때문이다.

국어 교육에서 비평의 교육적 복원과 설계를 철학적으로 정당화하는 것은 단순히 글쓰기 장르나 제재, 활동으로서 비평을 호명하는 의미가 아니라 정보화, 세계화, 소비화되어 가는 변화 속에서 사회를 추동하는 가치가 통합되고 다원적으로 분열되는 경계를 살아가는 학습자가 자신의 삶을 토대로 삶을 해석하고 가치를 판단하는 주체적인 비평 경험에 대한 강조를 의미한다. 이제, 비평 경험의 교육적 기능과 가치를 통해 국어 교과 내부 혹은 국어 교과와 타 교과의 접목을 통해서 나아가 학교 바깥에서 비평 경험의 교육적 전략이나 설계를 구안하여 실천해야 할 차례다.

또 하나의 저서의 출간을 앞두니 감사해야 할 분들이 더욱 많아졌다. 멀리서 혹은 가까이서 언제나 따뜻한 시선으로 살펴 주는 그 분들 모두에게 감사를 드린다. 그리고 두 번째의 박사학위논문이 한 권의 책으로 나오기까지 다시 여러 해가 지났다. 여전히 조촐한 내용이지만 그럴 듯한 모습으로 세상에 나올 수 있게 된 것은 이번에도 출간 과정을 도맡아 진행해 준 역락출판사 편집이사 이태곤님 덕분이다. 상리(商理)로 되갚지도 못할 연구 테마임에도 불구하고 필자보다 더 세심하게 한 권의 책으로 조각해 주신 데 깊은 감사의 뜻을 표한다.

2019년 겨울

김혜련

• 차례

• 표 차례

• 그림 차례

제 1 장

‘비평 경험’이라는 문제 설정

‘비평 경험’이라는 문제 설정

1. 왜 ‘비평 경험’인가?

1) 국어 교육과 비평의 관계

국어 교육에서 ‘비평’은 이른바 주류 담론에 속하는 용어는 아니다. 국어 교과서는 물론 국어 교육 전반에 걸쳐 시나 소설, 희곡에 비해 제재로서 위상이 약하고 활동 수행의 비중도 낮다. 그래서일까? 현장 국어 교사는 물론 국어 교육 연구자들도 비평에 대한 교육적 관점이나 성격을 정립하는, 즉 비평에 관한 교육적 담론을 생산하는 데 그다지 적극적이지 않았다. 그러나 담화나 텍스트, 작품에 대한 분석과 해석, 가치 판단이 실행되지 않는 국어 교실은 상상하기 어렵다. 수많은 텍스트들 앞에서 비평적 감각과 활동은 기본적으로 전제되는 조건이자 절차이다.

이 연구는 기존 국어교육학계의 관점에서는 다소 낯설지만 국어 교육의 장(場)이 텍스트를 읽고 해석하고 평가하는 비평의 본질과 방법론을 전유하고 차용해야 한다는 관점을 제시한다. 이를 위해 국어 교육에서 비평을 '비평 경험'으로 이해하고, 비평 경험의 국어 교육적 정합성을 정교하게 함으로써 국어 교육에서 비평의 성격과 위상을 정립하려는 데 연구의 목적을 두었다. 여기에는 그간의 국어 교육이 비평을 고정적이고 정태적으로 취급한 나머지 비평의 관계적이고 역동적인 성향에 대해서는 주목하지 못했을 뿐만 아니라 텍스트 분석의 중요성을 전진 배치함으로써 비평의 궁극적 지향인 가치 평가에 대해서 상대적으로 소홀히 해왔던 그간의 국어 교육 전력(前歷)이 작용했다. 따라서 다소 원론적인 성격을 띨 수 있음에도 불구하고 이 연구에서 비평의 국어교육적 정합성과 정당성을 탐색하는 것은 국어 교육의 관점이자 준거로서 비평을 적극적으로 수용하고 설계하기 위한 이론적 토대를 구축하기 위해서는 비평 중심의 국어 교육 설계를 위한 철학적 관점을 정립하는 것이 요구되기 때문이다.

물론 그간 국어 교육은 적어도 원론적으로는 텍스트에 대한 학습자의 해석 능력과 가치 평가 능력을 강조하는 수준으로 비평의 교육적 수용에 공감해 왔다. 문학 교육만 보더라도 "문학 교육의 목표가 문학 텍스트의 이해 감상 평가의 능력을 길러주는 데 있다는 점에서 문학 교육은 문학 비평과 이론상 또는 현상적인 구조 동일성을 보인다. 따라서 문학 교육은 문학 비평의 이론과 상호 교섭 작용이 있어 왔으며 또 문학 비평으로부터 도움받은 바 크다"(구인환 외, 1989:348-349)고 하며 문학 교육과 문학 비평의 방법론적, 구조적 상동성을 일찌감치 선언한 바 있다. 문학 교육과 문학 비평의 방법론적, 구조적 상동성에 대한 문학 교육의 인정은 급기야 '문학 교육은 비평 행위'(우한용, 1993:36)로 단언하는 데까지 이르기도 했다. 혹은 문학 교육의 목표로 문학 능력의 함양을 설정하고 문학 능력을 '정보적 능력-해석적 능력-비평적 능력'(박인기, 1993:98-104)으로 위계적으로 제시하여 문학 교육이 도달해야 할 궁극의 능력으로 비평 능력을 위치시킴으로써 비평의 문학 교육적 위상을 인정하는 방식을 취하기도 했다.

문학 교육에서 비평의 위상을 강조한 이들 논의들은 비평 활동을 텍스트에 대한 후행적 기술 차원으로 이해하지 않고 텍스트를 통해 권장하고 확산해야 할 가치를 밝혀내는 평가적 기능에 주목한 결과이다. '비평의 본래적 기능은 교육'이라고 역설해 온 아이즈너(Eisner, Elliot, 1998:86)를 상기하지 않더라도 텍스트와 인간, 세계가 창출하는 복합적이고 함축적인 관계를 이해하고 그 속에서 보존하거나 계발해야 할 가치를 탐색하는 비평이야말로 교육 그 자체라고 할 수 있다.

그러나 비평에 대한 학문적, 교육적 공감이나 기대와 달리 국어 교육에서 비평이 처한 현실은 빈약하기 짝이 없다. 더욱이 학교 밖에서 비평이 문학 비평, 영화 비평, 미술 비평, 정치 비평 등 다기한 양상으로 분열되고 있는 상황까지 떠올리면 비평에 대한 교과 내적 관점조차 제대로 정립되어 있지 않은 국어 교육의 현실은 더욱 문제적이다. 일례로 2015 국어과 교육과정이 비평을 수용하는 모습의 일부를 잠깐 살펴보자.

구분	공통 과목 '국어'의 '문학' 영역 내용 체계	선택 과목 '언어와 매체' 내용 체계	선택 과목 '고전읽기' 내용 체계
기능	• 몰입하기 • 이해 · 해석하기 • 감상 · **비평하기** • 성찰 · 향유하기 • 모방 · 창작하기 • 공유 · 소통하기 • 점검 · 조정하기	• 문제 발견하기 • 맥락 이해 · 활용하기 • 자료 수집 · 분석하기 • 자료 활용하기 • 지식 구성하기 • 지식 적용하기 • 내용 구성하기 • 표현 · 전달하기 • **비평하기** • 성찰하기 • 소통하기 • 점검 · 조정하기	• 글 · 책 선택하기 • 맥락 이해하기 • 보조 · 참고 자료 활용하기 • 주제 파악하기 • 감상 · 비평하기 • 성찰 · 내면화 하기 • 지식 구성하기 • 토의 · 토론하기 • 글쓰기 • 사회적 소통하기 • 점검 · 조정하기

[표 1] '내용 체계'의 '기능' 범주와 '비평하기'

2015 개정 국어과 교육과정은 공통 및 선택과목의 내용 체계에 '기능' 범주를 설정하고 있다. [표 1]은 그 중에서 공통 과목 '국어'의 하위 영역인 '문학'의 '기능' 범주와 선택 과목 '언어와 매체'의 기능 범주의 일부를 제시한 것이다. 공통과목 국어과의 '문학' 영역과 선택 과목 '문학'과 '고전 읽기'는 '감상 · 비평하기'를, 선택 과목 '언어와 매체'는 '비평하기'를 교육해야 할 기능으로 제시하고 있다. 그런데 기능으로서 비평하기의 성격과 위상에 대해서 파악하기가 쉽지 않다. 왜냐하면, 공통 과목 '국어'의 '문학' 영역에서는 '감상 · 비평하기'를 '이해 · 해석하기-감상 · 비평하기-성찰 · 향유하기'의 맥

락에, 선택 과목 '언어와 매체'에서는 '표현 · 전달하기-비평하기-성찰하기'의 맥락에 설정해 놓았는데, 이에 대한 명확한 설명이 없기 때문에 정작 '비평하기'를 어떻게 이해하고 교육해야 할지 모호하다. 물론 이들 기능의 내용들이 위계적이거나 순차적인 개념이 아니기 때문에 일정한 위계적 맥락에서 파악할 필요는 없지만 비평하기의 교육적 성격이 분명하지 않다는 것은 알 수 있다.

이러한 상황은 2015 개정 국어과 교육과정의 다른 항목에서도 확인할 수 있다. 예컨대, 공통 과목 '국어'의 '교수 · 학습 방법 및 유의사항'((다))에서는 '비평'을 '② 수용을 목표로 두었더라도 발산적 사고를 바탕으로 한 창의적 재구성 활동 및 비평 활동, 일상생활에서의 정서 표현 활동, 다양한 유형의 작품 창작 활동 수행을 권장한다'에서는 '발산적 사고를 바탕으로 한 창의적 재구성 활동 및 비평 활동'의 성격으로 파악하고 있지만, 같은 교육과정의 '평가 방법 및 유의사항'((라))에서는 '③ 작품의 수용 활동은 감상 내용 발표하기나 비평문 쓰기 등의 영역 통합적인 방법을 활용하여 수용의 창의성과 적절성을 평가'하는 방식으로 '비평'을 인식하고 있어 동일한 교육과정 내에서 비평에 대한 관점이 서로 상이하다는 것을 알 수 있다.

비평의 성격에 대한 국어 교육의 모호한 태도는 국어 교실에서 비평을 서로 다른 성격으로 가르치게 되는 문제를 남길 수 있다. 2015 개정 국어과 교육과정을 따를 경우, 듣기 · 말하기 영역의 '평가 · 감상하기'와 읽기 영역의 '비판하기', 쓰기 영역에서 '비평문 쓰기'를 교수·학습의 방법으로 제시하는 '고쳐쓰기'와 문학 영역에서

'감상·비평하기'의 관계가 혼란스럽기 때문이다. 국어 교육에서 비평의 불안정한 모습은 최근 교육과정 중에서 비교적 적극적으로 비평을 수용한 '2007 국어과 교육과정'에서도 확인 가능하다. '2007 국어과 교육과정'(교육인적자원부 고시 제 2007-79회[별책 05])은 '문학' 영역의 '내용 체계'를 통해서 '비평'을 '수용과 생산' 범주의 하위 내용으로 전면화했다. 비평 교육 입장에서 보면 비평을 내용 체계 내에 설정했다는 사실만으로도 비평에 대한 2007 국어과 교육과정의 남다른 인식을 엿볼 수 있다. 비평에 대한 2007 국어과 교육과정의 의지는 문학 외에 듣기와 읽기 등 기능 영역의 내용 체계에서도 '평가와 감상'을 수용하는 것으로 일관적으로 표출되었다. 그러나 이 교육과정 역시 좀 더 살펴보면 비평의 교육적 수용이 그다지 안정적인 모습을 취하고 있지 못하다는 점을 알 수 있다. 문학 영역이 '수용과 생산' 범주 아래에 '내용 이해-감상과 비평-작품의 창조적 재구성-작품 창작'이라는 하위 절차로 비평을 설정한 데 반해, 기능 영역에서는 '예술 작품에 대한 심미적 경험을 드러내는 비평문을 쓴다(10-쓰-(5))' 등과 같이 '비평문'이라는 텍스트로서 비평을 수용했기 때문이다. 동일한 교육과정 안에서 비평은 방법적 지식과 구체적 텍스트 사이에서 성격과 위상을 달리하며 수용된 것이다. 그 결과 비평 교육의 방법 역시 해석을 통한 가치 평가라는 비평의 본성을 교육하는 데 충실하기보다는 비평 이론을 기계적으로 적용하거나 비평문을 통한 글쓰기 전략을 익히는 방식을 취했던 정도가 대부분이었다.

2) 비평 경험 교육의 필요성

국어 교육에서 비평의 불안정한 위상을 두고 국어 교육의 특수한 내부 사정으로 인식하는 것은 무리가 있다. 비평의 교육적 지위는 비평의 생래적 성향과 무관하지 않기 때문이다. 비평은 숙명적으로 '한 발을 예술에, 다른 발을 이론에, 혹은 한 발을 문학에, 다른 발을 과학-철학-사회학-언어학-심리학…에 걸치고 있기' 때문에 '비평의 행보는 늘 기우뚱거리'고, '비평을 가능하게 하는 판단의 기준을 수립하고 적용하기 위해 좌충우돌할 수밖에 없'(소영현, 2011:181)다는 어느 연구자의 소회 역시 비평의 혼종적 성격에 대한 토로인 셈이다. 비평의 복합적이고 경계적인 천성 자체가 비평의 개념이나 규범에 대한 명확한 이해를 어렵게 할 수 있는 것이다. 최근 문학이나 미술, 음악, 영화 등 문화 예술의 다양한 장에서 활발하게 개진되는 비평의 양상도 그 내부를 들여다보면 비평의 성격이나 방식, 역할 등이 다종 다기한 형국으로 분열되고 있다. 때로는 비평이라는 이름으로 무분별하게 유포되고 있다는 인상을 지우기 어려운 상황도 있다.

> ㈎ 이러한 현실을 두고 인터넷이라는 새로운 매체환경에서 관객 비평이 활성화되었다는 진단이 내려지기도 한다. 그러나 과연 그런가. 인터넷 검색을 해봤다면 누구나 경험해봤겠지만, 화면 가득히 불러모아온 정보들 속에서 감상이건 단상이건 비평이건, 공연에 대한 이야기를 찾기는 쉽지 않다...(중략)...물론 공연에 대한 단상이나 긴 비평 글이 없는 것은 아니다. 그러나

> 그런 글들을 만나기 위해서는 검색엔진이 긁어모아준 페이지들을 정말 꼼꼼히 살펴보아야 한다. 우리가 티켓 판매 사이트의 공연정보를 비평이라고 말하지 않는 것처럼 영리적 목적이 아니라하여 공연정보를 담아 놓은 블로그 포스트를 놓고 비평이라고 말하지는 않을 것이다. 마찬가지로 대학로 나들이 풍경을 담은 사진들로 정성껏 꾸며놓은 글들을 비평이라 하지 않을 것이다. '인터넷 시대의 관객 비평'은 끝없이 이어지는 검색 목록이 만든 착시 현상은 아닐까(김소연, 2011:77).

> ㈏ 2015년 신경숙 「전설」의 표절 시비는 한국 문학 비평계의 권력 지형과 연관된 문제점에 대한 비판으로 증폭되며 이른바 비평의 책무성에 관한 비판으로 이어졌다. 문학 작품의 표절 논쟁은 비일비재한 일이지만 신경숙의 작품을 둘러싼 논쟁의 경우 비평의 권력과 책무성에 관한 노골적인 주장으로 두드러졌다. 오히려 논쟁은 신경숙의 표절 자체보다 신경숙이라는 작가가 표절의 유혹에 빠지게 한 주범이 권력화된 비평계라는 사실에 대한 맹공으로 가득했다(김경연, 2015:15).

두 인용문은 각각 연극 비평(㈎)과 문학 비평(㈏)의 장에 제출된 비평에 대한 메타적 담론이다. 이들의 주요 내용을 떠나서 먼저 눈에 띄는 것은 이 글에 등장하는 관객 비평, 권력 비평 등 의미가 명확하지 않은 비평 관련 용어들이다. 이를테면 ㈎는 '관객 비평'이라는 이름으로 인터넷 공간에서 행해지는 수많은 비평 행위에 대해 문제를 제기하고 있다. 관객 비평이라는 이름으로 행해지는 다수의 비평 행위가 실은 공연에 대한 단순한 정보 전달이나 홍보 차원에 그치는 것이거나 혹은 오랜 만에 극장 나들이를 한 이들의 가벼운 스케치에 불과하다는 것이다. 이들에 대하여 텍스트에 대한 엄밀한 해석이나 주체적인 평가를 발견하기가 어려울 뿐만 아니라 텍스트에 대한 수용자의 관점이나 안목을 풍요롭게 열어주기를 기대하기도 어렵다.

그렇다면 이른바 전문적인 비평 행위를 수행한다고 자처하는 편은 어떠한가? 인용문 (나)는 신경숙 표절 사건과 관련 비평계를 화두로 삼아 비평의 책무성을 경시하고 오히려 비평 행위를 통해 일종의 문단 권력을 형성해 온 비평 현실을 대상으로 하고 있다. 물론 인용문은 작가의 표절 행위의 주범을 '권력화된 비평계'로 지목하는 세간의 비판에 대한 비평계의 항변을 보여주지만, '권력화된 비평'이라는 수사는 이미 객관적 가치 평가라는 비평의 본질에서 멀어진 비평계에 대한 비판적 시선이 투사되어 있는 셈이다.

문제는 비평의 연성화든 비평의 권력화든 현재 펼쳐지고 있는 다기한 비평의 스펙트럼에서 오히려 비평의 역할이 약화되고 있다는 사실이다. 비평을 대중화하려는 강박 아래 혹은 비평으로 대중을 계도한다는 미명 아래 비평의 본질이나 정체성을 간과하고 있는 것은 아닌지 성찰해 볼 일이다. 우리는 비평의 장(場)이 텍스트를 온전히 음미하고 그 특징을 분별하며 나아가 텍스트에 대한 직접적인 판단 활동 사이의 작업(佐佐木健一, 2002:305-306)으로서의 무대라는 사실을 기억하고 있는가? 비평이 포기해서는 안 되는 역할 가운데 하나가 가치 있는 것과 가치 없는 것을 구별할 수 있는 평가(Muray Krieger, 1976:25-36)라는 사실을 인식하고 실천하고 있는가?

사실 시야를 조금만 넓혀 보면 인간의 삶은 대부분 비평적 행위와 연관되어 있다. 여행지를 선택하거나 읽고 싶은 책을 고를 때, 지인과 보고 싶은 영화를 고를 때 혹은 공연을 선택할 때조차 이것은 좋고 저것은 아니다 식의 평가적 태도가 동반된다. 이러한 태도는 비단 일상적이거나 사적인 영역에만 해당되는 것은 아니다. 가령, 정치 지도자 선출이나 정당 선택과 같은 정치적 판단에서 교육이나 금융 정책 같은 거시적인 정책에 대한 판단을 요청받는 상황에까지 이르면 '보다 좋은 것'에 대한 가치 평가 문제가 그렇게 녹록지만은 않다.

문학이나 미술, 영화, 연극 등의 문화 예술 영역에서 정치나 사회, 지리나 과학 등에 이르기까지 비평적 상황은 영역의 경계를 넘나들며 때로는 곤혹스럽게 발생한다. 어쩌면 벤야민(Benjamin, Walter)의 술회처럼 미학과 정치, 신화와 기술, 그리고 혁명과 자본 사이에서 불확실하게 떠돌고 있는 대중적 존재로서 우리의 삶을 둘러싼 다양하고 복잡한 텍스트들에 대한 가치 판단은 애당초 쉬운 일이 아닌 것이다. 그러나 비평을 '알려지고 생각된 최상의 것을 배우고 퍼뜨리려는 사심 없는 노력'이라고 생각한 아놀드(Arnold, Matthew)의 고전적 통찰은 보다 좋은 텍스트를 찾아내어 그 가치를 발굴하고 학습하며 전파하려는 갈망(potentia)이라는 점에서 여전히 기억할 필요가 있다. 그렇다면 자본과 기술의 소유에 대한 인간의 욕망이 질주하고, 신봉해야 할 가치와 신념조차 확신하기 어려운 현실에서 우리의 청소년 학습자들이 건강한 사회적 성인으로 성장하게 하기 위해서는 어떠한 교육적 노력이 필요한가? 성장 중의 이들로 하여금 다원적이고 복합적인 텍스트로 가득 찬 세계에서 건강한 비평적 역량을 갖추게 할 방법은 무엇인가? 학교 교육을 통해 비평이 인간과 삶을 사유하고 가치를 평가하는 행위라는 사실을 학습한 후 학교 밖에서 비평의 미적 기능을 즐기면서 자신의 삶과 세계를 해석하고 평가하는 주체적인 비평가로 살아가게 할 수는 없는 것일까?

교육의 관점에서 비평 중심의 교육적 기획은 개인적 차원이든, 집단적 차원이든 인간에 대한 상이한 인식과 방식으로 피로한 현대 사회에서 좀 더 문제적일 수 있다. 민족성이나 종교, 이데올로기, 지역성, 성별 등에 근거한 요구나 주장들이 끊임없이 충돌하고 책임과 권리를 둘러싼 갈등들이 첨예하게 대립하는 상황에서 다기한 형식으로 출현하는 텍스트 현상을 해석하고 평가하기란 쉽지 않기 때문이다. 다양한 유형의 삶과 윤리적 주장들을 동일한 기준으로 비교할 수도 없을 뿐만 아니라 삶의 가치 역시 유사한 수준으로 공유될 수는 없다. 어떻게 보면 해석이나 평가 자체가 불가능한 현실에 직면했는지도 모를 일이다. '빅 데이터 시대, 비평은 죽었다'거나 '글로벌 문화 산업 발전에 비평은 아무런 도움이 되지 않는다'(강수미, 2013:54)는 한탄은 추동력을 상실해 가고 있는 비평에 대한 안타까움이자 비평의 복권에 대한 불투명한 비감(悲感)이라고 할 수 있다. 여기에 비평이란 언어로 상대를 쳐내는 일종의 폭력, 괜한 갈등과 긴장은 물론 반목만을 만들어내는 불편한 언어라는 대중의 손쉬운 오해 역시 비평의 교육적 기획을 부정적으로 바라보는 시각에 일조해 온 셈이다. 비평을 두고 불편한 언어로서의 비평, 주관적 독설로서의 비평이라고 덧씌우는 상황에서 비평의 교육적 복권과 설계에 대한 요구는 쉽지 않기 때문이다.

그러나 비평의 혼종적이고 불투명한 양상이야말로 비평에 대한 교육적 필요를 추동하는 계기로 작용할 수 있다. 무엇 하나 자명할 것 없는 탈근대 사회에서 인간과 세계를 해석하고 바람직한 삶을 창출할 수 있는 가치를 가려내는 능력이 갈수록 절실해지기 때문이다. 사회를 추동하는 가치가 다원적으로 분열될수록 주체적인 비평의 힘이 요구된다. 물론 문학 비평의 경우만 보자면 근대 이후의 다양한 비평적 관점과 개념 등이 견고한 이론적 토대를 구축하며 텍스트의 장르적, 사회 문화적 가치를 밝혀내 왔다. 그 과정에서 비평의 장은 물론 문학장 역시 더욱 화려하고 풍성해진 것도 부인하기 어렵다. 특별한 문제의식 없이 비평을 두고 '대상에 대해 미적 태도를 견지한 상황에서 대상을 이해하고 해석하는 활동과 그 과정에서 얻어진 미적 경험과 기준을 통해 대상을 주체적으로 판단하고 평가하는 활동'(김혜련· 김혜숙, 2014:297)이라는 보편적 개념을 사용하는 데도 큰 불편을 느끼지 못했다. 시대에 따라 다양한 준거를 가진 개인들이나 사회 문화적 현상이나 제도들 사이에서 지속적인 대화가 이루어졌고, 그 과정에서 무언의 합의들이 비평 행위에 무의식으로 침전되면서 비평의 개념과 외연에 대한 보편적 인식이 마련되어 왔기 때문이다.

그러나 비평에 대한 보편적 합의조차 비평의 개념 규정이나 그 범위에 대한 전반적인 동의를 바탕으로 구조화된 것이라고 보기는 어렵다. 경직된 분과 학문의 경계, 아카데미즘/저널리즘의 경계들 사이에서 오히려 비평의 개념은 무엇이고 그 범위는 어디까지인가를 괄호 속에 넣어 두고 있다고 보는 편이 오히려 비평 현실의 실상에 가까울 것이다. 점점 키치(kitsch)화되어 가는 대중 비평과 고답적인 이론들로 무장한 전문 비평에 이르기까지 다양하고 광범위한 스펙트럼을 펼쳐 놓고 있는 현실에서 비평의 개념에 대한 물음은 여전히 비가시적인 상태에 놓여 있다고 할 수 있다. 비평에 대한 명쾌한 정의가 어려운 지금, 학교는 비평을 왜 가르쳐야 하는가? 비평에 대한 근본적 성찰이 요청되는 상황에서 그간 국어 교육이 수용해 온 비평의 교육적 정당성과 필요성을 어디에서 찾아야 할 것인가? 국어과는 어떠한 철학적 관점을 바탕으로 비평 교육을 실행해 왔는가? 혹시 근대적 제도로서 존속해 온 비평에 대하여 교육학적 혹은 철학적 사유를 거치지 않고, 그대로 국어 교육에 수용해 온 것은 아닌가?

국어과 비평 교육이 직면하고 있는 문제적 상황을 해결하기 위해 가장 긴절한 작업은 비평 교육의 내재적 가치를 최대한 발현할 수 있도록 비평 중심 국어 교육의 철학적 정당성을 모색하는 일이다. 국어과 비평 교육이 노정해 온 부침(浮沈)의 역사는 비평의 교육적 기획에 대한 명료한 관점의 부재에 근본적인 원인이 있기 때문이다. 비평의 교육적 위상과 역할에 대한 철학적 탐색은 국어과에서 비평 교육의 정당성을 마련하고 강화하기 위한 본질적인 작업이다.[1] 그 일환으로 이 연구에서는 교육 철학의 개념 중에서 '경험'에 주목하여 '경험으로서 비평 즉, 비평 경험'의 개념적 정립을 제안하고 이

1) 물론 문학 독서 교육에 국한하기는 했지만 최미숙(2010) 역시 문학 교육에서 비평 교육의 도입은 아직 출발단계이고, 다양한 관점에서 구체적인 모색이 필요함으로 강조하는 과정에서 '문학 독서 교육에서 비평을 바라보는 관점의 전환'이 필요함을 역설했다.

개념을 중심으로 국어과에서 비평의 교육적 토대를 모색하고자 한다. 이 연구가 '경험으로서 비평'에 주목하는 것은 비평을 생래적으로 가능하게 하는 '주체(독자)와 텍스트의 상호 교섭'이라는 호르몬을 회복시키려는 까닭이고 비평의 교섭적, 관계적 본성이야말로 '주체와 환경의 상호 교섭'을 본질로 하는 '경험'의 성향과 소통한다고 인식하기 때문이다. 따라서 이 연구에서 제안하는 '비평 경험'은 외적 변수로 채택되거나 혹은 필요에 따라 제외될 수 있는 개념이 아니다. '비평 경험'은 비평을 비평답게 교육하고자 할 때 필연적으로 선취해야 하는 본질적 관점이자 준거이다.

이러한 문제 인식을 바탕으로 이 연구에서 논의하고자 하는 주요 내용은 다음과 같다.

첫째, 국어 교육 내용으로서의 비평을 '비평 현상'으로 전제하는 일이다. 이것은 비평 교육에서 수행되어온 비평의 고정적이고 정태적인 인식을 해체하고, 비평의 교섭적, 역동적, 관계적 성향을 강조하기 위한 설정이다.

둘째, 국어 교육 내용으로서 비평 개념에서 '평가'에 주목하는 일이다. 이것은 비평에 대한 개념적 이해를 '해석과 평가'에서 '해석을 통한 가치 평가'로서 전환하고, 비평의 평가적 본성을 복권하기 위한 의도이다.

셋째, 현상적, 평가적 비평에 대한 이해를 바탕으로 국어과 비평 교육에서 '경험으로서 비평, 즉 비평 경험'의 관점을 완성하는 일이다. 이를 통해 국어 교육에서 비평 경험의 개념과 정합성을 모색하고자 한다.

2. 비평 경험 교육을 위한 접근 경로 탐색

1) 국어과 교육과정 속의 비평

동서고금을 통하여 비평의 역사가 보여주는 방대한 사례에 비하여 비평 교육의 실행이나 성과는 풍성하지 않은 편이다. 비평 활동과 가장 밀접하다고 할 수 있는 문학 교육만 하더라도 시나 소설의 장르적 고찰이나 작품 자체의 분석에 집중하는 나머지 작품을 감상하고 비평하는 과정에 대한 학습자의 경험에 대해서는 간과하는 경향이 강하다. 비평 교육을 실천하는 경우조차 전문 독자들이 쓴 고급 비평문을 제시하여 비평의 방식을 보여주고, 그들의 글쓰기 방식을 문범(文範)으로 모방하여 비평적 글쓰기의 전략으로 삼게 하는 방식이 대부분이다. 학습자는 교과서에 수록된 비평문을 읽고 작품의 의도와 구조를 따라가면서 이해한 후 다른 작품을 통해 비평적 글쓰기를 연습하는 방식이 비평 교육의 일반적인 양태로 통용되고 있다. 이러한 비평 교육의 관행은 비평 교육을 문학 교육이나 작문 교육에 대한 부차적인 활동으로 간주하거나 혹은 서로 무관한 영역으로 간주한다. 학습자는 물론 교사조차 국어과에서 비평의 교육적 성격과 의의를 인지하지 못한 채 교과서가 제시한 방법을 따라가다 보니 학습자의 비평 능력 함양이라는 교육 목표는 더욱 낯설어질 뿐이다.

국어 교육에서 비평의 불안정한 입지는 비평의 영역적, 교과적 처소 문제에서부터 발생했다. 비평을 작품론이나 작가론과 결부지어 문학 비평 교육으로 한정할 것인가 아니면 읽기나 쓰기와 같은 국어사용 영역과 연계하여 다양한 텍스트를 포괄하는 비평 교육을 설정한 것인가 하는 문제가 부각되었다. 전자의 경우는 현대 국어 교육의 초기 단계에서 주로 행해졌다.

- 문학 작품에 나타나는 인물을 판단하고 비교하는 능력을 기른다.(제1차 고등학교 국어(一) 지도 내용, 16쪽)
- 수필, 평론 등을 읽는다. (제1차 고등학교 국어(一)의 지도 목표, 320쪽)
- 현대 작가를 평가할 수 있도록 한다.(제2차 고등학교 국어과 교육과정_읽기-ㄴ. 문학 학습의 목표, 333쪽)
- 좋은 작품과 그렇지 못한 작품을 구별할 수 있도록 한다.(제2차 고등학교 국어과 교육과정_읽기-ㄴ. 문학 학습의 목표, 333쪽)
- 주인공의 온갖 성격을 해석하고 분석할 수 있도록 한다.(제2차 고등학교 국어과 교육과정_읽기-ㄴ. 문학 학습의 목표, 333쪽)
- 문학 작품에 대한 비평에 흥미를 느낀다.(4차 고등학교 국어과 교육과정_3)
- 문학 작품에 대한 비평을 읽고, 작품 감상력을 기른다.(5차 고등학교 국어과 교육과정_<문학>)

비평은 국어과 교육과정의 초기 단계에서부터 문학과 관련을 맺으며 출발했다. 1차 고등학교 교육과정은 '국어(一)'에서 문학 작품에 나타나는 인물을 판단하고, 비교하는 능력을 함양하는 내용을 지도 내용으로 선정했을 뿐만 아니라 평론 읽기를 지도의 구체적 목표로 설정하는 등 문학 교육과의 관계 속에서 비평을 수용했다. 이후 2차 국어과 교육과정 역시 '문학' 학습에서 작가에 대한 평가를 목표로 제시하는가 하면, 비평이나 평가와 같은 용어를 직접적으로 사용하지는 않았지만 '좋은 작품과 그렇지 못한 작품을 구별'하거나 '주인공의 온갖 성격을 해석하고 분석'하는 등 문학 작품의 인물이나 작품 자체와 작가 등에 대한 해석이나 분석이나 판단을 문학 학습의 목표로 제시하는 방식으로 문학 교육과 비평의 관계를 공고히 설정했다. 이러한 경향은 4차 국어과 교육과정부터 더욱 강해져서 '문학 작품에 대한 비평'이라는 관습적 용어로 정착했다.

문학 교육과 밀접하게 실행되었던 비평 교육은 2007 국어과 교육과정 무렵부터 국어과의 읽기 영역이나 쓰기 영역과 관계를 맺으며 범주를 확장했다. 물론 국어과 문학 영역에서 '내용 체계'의 '수용과 생산' 범주의 세부 내용으로 '감상과 비평'을 선정함으로써 비평 교육의 성격을 좀더 강화했지만 동시에 서평(5_읽기/9_쓰기), 시사평론(8_읽기), 촌평(9_읽기), 평론(10_읽기), 시평(10_쓰기), 비평문(10_쓰기) 등으로 비평 텍스트의 범위를 국어 사용 영역으로 확대하여 비평 능력을 국어과 전 영역에서 함께 성취해야 할 능력으로 구성했다. 비평 대상 텍스트 역시 문학 작품 중심에서 시사 문제나 사회 문화 일반을 내용으로 하는 시사평론이나 시평 텍스트 등 읽기와 쓰기 대상 텍스트로 범주가 확장되었다. 2007 교육과정은 국어과 영역이나 텍스트 범주, 내용 성취기준 등에 걸쳐 이전 교육과정에 비하여 비평을 적극적으로 수용했지만 비평의 교육적 성격과 수용 방식에 대해서는 여전히 혼란스러운 모습도 보여주었다. 국어과에서 비평의 불안정한 위상은 2009 국어과 교육과정과 2015 국어과 교육과정에서 국어사용 영역에서 비평이 약해지고 다시 문학 영역에 한정되는 모습을 보더라도 재삼 확인할 수 있다.[2)]

2) '교육적 경험으로서 비평'을 위한 탐색과 방향

국어과 교육과정에서 보이는 비평의 신산(辛酸)스러운 삶을 국어 교과 내부의 문제로 단정하는 것은 곤란하다. 여기에는 형식주의와 신비평, 구조주의 등 문학의 과학화를 주장해 온 근대 인문학의 영향 또한 적지 않게 작용해 왔기 때문이다. 문학 작품에 대한 과학적 분석과 체계화를 향한 현대 비평의 사조가 문학 교육에 적극적으로 반영되었고 현재까지도 작품을 해석하고 이해하는 이론적인 틀을 형성하며 영향력을 행사하고 있다. 그러나 신비평과 형식주의가 낳은 작품에 대한 객관적 분석과 체계화가 교육에 전이되는 과정에서 작품과 독자 간의 관계가 낳는 미적 경험의 가치는 비평의 장에서 사적인 취향 정도로 몰리거나 폄하되곤 했다. 이번 절에서는 국어 교육과 비평의 관계를 이해하기 위해서 먼저 기존 연구들을 세 가지 방향, 즉 비평에 대한 전통 인문학적 접근, 그리고 비평의 교육적 수용에 관한 접근, 나아가 비평 경험의 관점 형성을 위한 교육학적 관점의 경험 연구 등으로 살펴보기로 하겠다.

---

2) 이 연구는 주로 '2015 개정 국어과 교육과정'을 대상으로 한다. 그러나 교육과정의 구체화인 교과서를 함께 고찰할 필요가 있을 때에는 '2011 국어과 교육과정'도 살필 것이다. 연구 대상 교과서는 각주 형식으로 서지를 밝힌다.

[1] 비평에 대한 전통 인문학적 접근

비평에 관한 연구는 개별 문학계에서 먼저 제출했다. 국문학의 경우는 주로 비평의 역사에 관한 실증적 탐색과 정리가 중심을 이루었고 해방 공간의 백철에서부터 1970년대 김윤식을 거쳐 1990년대 김영민의 연구 등을 참조할 수 있다. 백철은 『조선신문학사조사』(1948)에서 신소설의 태동에서부터 해방 공간의 좌우익 문단 대립까지를 방대한 자료를 통해 보여주고 있는데, 특히 시, 소설 등이 아닌 비평 장르를 중심으로 문학 이론이나 논쟁을 기술하고 있는 점이 주목할 만하다. 서문에서 밝히고 있듯이 "그 시대의 논문과 작품의 실례를 많이 인용하기로 하고 나의 독단적인 비평을 피하고저 한 것은 나의 독단 때문에 그 시대 문학을 곡해하는 데 독자를 그릇 인도할 우려가 적지 않었기 때문"(백철, 1948:2)이라는 단언은 실증주의라는 방법적 토대 위에 방대한 자료를 나열하여 근대 문학 비평에 대한 연구의 계기를 마련했다는 점에서 의의를 지닌다. 그러나 자료의 나열을 통해 객관적 사실의 제시는 성공했지만 자료의 선정과 분석의 기준에 대해서는 설득력 있는 근거를 찾기가 어렵다.

개별 문학 장르로서 비평을 분류하여 비평 장르의 역사화에 집중한 연구로서 김윤식의 『한국근대문예비평사연구』(1973)를 비롯한 비평사 성과를 주목할 수 있다. 우선 여기에서 프로문학의 발생부터 소멸 이후 전형기 비평까지를 풍부한 자료와 함게 조선의 프롤레타리아 문학 운동이 소련과 일본의 프롤레타리아 문학의 강력한 영향하에 진행되었다는 점을 밝힘으로써 한국 프롤레타리아 문학 운동의 복합적 성격과 실체를 파악했다. 그는 근대 초기 문예 비평을 이론, 작품 비평, 비평 논쟁 등으로 구분하여 실증주의와 비교문학적 관점을 결합하여 근대 문예 비평사 연구의 틀을 확립했다.[3] 김윤식의 비평 연구는 근대문예비평의 범위, 비평 형태에 대한 미학적 성격, 비평사 서술의 체계 등에 관한 논쟁을 남겼지만 비평을 독자적 장르로 인식하여 학문의 장으로 호명했다는 점에서 주목할 필요가 있다. 특히 비평의 형태를 ① 문학 이론 ② 잠정적으로 '평론'이라 부를 수 있는 문예비평·시론·문단에 대한 비판 ③ '비평'이라 부를 수 있는 작품론, 작가론으로 구분하고 있는 점 등은 구분의 근거를 명확하게 제시하지 않았다 하더라도 비평에 대한 제도적, 독자적 위상을 제고했다는 점에서 정독할 필요가 있다.

근대 문예 비평에 대한 장르적, 역사적 정리의 성과를 바탕으로 김영민은 『한국문학비평논쟁사』(1992)를 통해 한국의 문학 비평사를 형성해 온 주제를 논쟁을 중심으로 서술했다. 예컨대 김동인과 염상섭 사이의 비평의 공정성과 범주 역할 논쟁, 프로 문학의 발생과 내용 형식 논쟁, 아나키즘 논쟁, 카프 방향 전환 논쟁 등에서 해외문학파 논쟁, 휴머니즘 논쟁, 세대론과 순수 논쟁 등을 정리하여 논쟁의 구도를 파악할 수 있도록 기술한 것이 특징이다. 뿐만 아니라 앞의 성과들이 포괄하지 못한 80년대 이후 제출된 비평의 성과들도 수용했다. 그러나 근대 문예 비평을 논쟁 자체에 국한하여 기술함으로써 비평을 사회·문화적 맥락과의 관계나 미학적 관점에서 읽어내는 데 미흡했다.[4]

3) 주로 1970년대에 이루어진 김윤식(1973, 1976, 1977, 1989, 1992, 1994 등)의 연구들을 주목할 수 있다. 자세한 서지는 '참고문헌' 참조. 아울러 근대 비평의 역사에 관한 최근의 상세한 논의는 강용훈(2013) 참조.

뿐만 아니라 비평에 관한 고전적 논의 역시 이 연구에서 주목한 연구들이다. 특히 이 연구는 비평의 개념을 이해하기 위해 비평 관련 고전적 용어들, 예컨대 비점평주(批點評註)나 미비(尾批), 총비(總批) 등의 용례와 맥락에 고찰한 논의들을 통해 비평이라는 용어의 일상적, 평가적, 총체적 성격을 파악할 수 있었다(정길수, 2008; 김성룡, 2009; 박희병, 2010; 김대중, 2013 등). 특히, 이 연구에서 크리티시즘의 번역어로서 뿐만 아니라 전통적 개념으로서 비평에 주목하는 까닭은 개념 자체가 아니라 개념 사용의 역사를 주목해야 한다는 개념사적 관점(나인호, 2014:34-40)을 공유하기 때문이다. 하나의 개념이란 역사적 맥락을 초월하여 존재하는 객관적 실체가 아니라 역사적 변화 과정 속에서 의미의 변화를 겪는 유연하고 유동적인 언어적 구성물인 것이다.

이상의 장르적, 개념적 관점에서의 비평 연구들을 통해 본 연구가 주목한 것은 첫째, 비평사 서술의 대상이 되는 비평적 텍스트의 범위를 확대시키고, 그 텍스트가 지닌 의미망을 사회적 지평으로 확장시켰다(강용훈, 2013:5). 둘째, 문학의 내・외부에서 비평의 독자성을 강조하여 비평의 제도적, 장르적 위상을 제고했다. 그리고 비평의 형성과 작용을 고찰하기 위해서는 텍스트는 물론 작가와 독자, 사회와 역사, 문화 그리고 공시적이고 통시적인 맥락 등이 형성하는 영향 관계를 주목해야 한다는 점이다.

---

4) 이들 외에도 근대 비평장의 형성과 역사와 관련된 논의로 이선영(1989), 김영민(1989, 1997) 등을 참조할 수 있다.

2 비평에 대한 문학 교육의 수용

비평 교육과 관련한 연구의 성과는 주로 비평 교육의 위상에 대한 연구들로서 대부분 문학 교육에서 먼저 제출했다. 우선 문학 비평과 문학 교육의 현상적, 구조적 상동성에 주목하여 비평 교육 또는 비평 교육의 중요성을 강조해 온 성과들은 이 연구의 입론을 지지하는 토대로 작용했다. 문학(학)의 관점에서 문학 비평은 비평을 독자적인 장르로 파악하여 비평의 예술성을 강조하는 방향으로 발전시켜 왔다. 앞에서 언급한 구인환 외(1988)은 문학 교육과 문학 비평 교육의 상동성을 주장하며 문학 교육에서 비평에 대한 선편적 시각을 제시했다는 점에서 주목할 필요가 있다. 박인기(1993)은 비평 교육만을 대상으로 한 것은 아니지만 문학 교육과정의 위계화 작업에서 비평 능력을 문학 교육의 최고 능력으로 설정하여 문학 교육에서 비평 능력의 성격을 보다 적극적으로 해석했다. 문학 교육과 비평의 관계를 정립하려는 선구적 논의들에 힘입어 비평에 대한 교육적 논의는 문학사의 관점에서 개별 작가나 작품에 대한 비평적 논의(최인자(1995), 임경순(1997) 등), 비평을 통한 독서나 작문 교육의 가능성을 탐색하는 논의(박영민(2003), 김혜정(2010) 등) 등으로 개진되었다. 특히 후자는 비평을 장르나 텍스트로 접근하던 기존의 관점에서 전회하여 기능 교육 관점에서 비평적 읽기나 비평적 쓰기 등 과정이나 활동으로 인식하고 있다는 점에서 시선을 끈다.

비평을 활동으로 인식하여 비평 교육을 좀더 정련시킨 연구들도 주목할 수 있다(김성진, 2004; 최미숙, 2005; 김미혜, 2009 등). 이들은 장르로서의 비평과 활동으로서의 비평을 구분하여 비평의 예술화나 독자적인 장르로서의 비평에 대한 강조로 일관하던 비평적 논의를 활동으로서의 비평으로 강화했다.[5)] 이상의 연구들은 교육적 관점에서 독자가 작품을 해석하고 평가하거나 그 내용을 표현하는 방식으로 '비평'이 의미있는 활동임을 강조했다는 의의가 있다. 두 번째로 비평을 본격적으로 다룬 것은 아니지만 비평의 핵심 요소라 할 수 있는 가치 평가, 감상, 해석, 정서 체험, 비판적 사고 등을 정밀하게 분석한 연구들 역시 본 연구의 거칠고 성긴 비평 논의를 정교하는 데 도움을 받은 논의들이다(남민우, 2006; 조하연, 2010; 민재원, 2013; 이인화, 2013; 함성민, 2016 등). 이들 소장 연구자들의 날렵한 혜안은 향후 비평 교육이 학습자의 비평 능력 함양이라는 목표에 도달할 수 있는 교육적 설계 국면에서 전유할 구체적인 지점들을 보여주고 있다는 점에서 의미 있게 정독할 가치가 있다.

뿐만 아니라 국어 교육이 작금의 시대적 화두라 할 수 있는 소통, 문화, 지식, 공동체 등의 개념과 어떻게 상관을 맺을 수 있는가를 보여준 논의들 역시 이 연구의 궁극적 지향이자 교육적 외연을 설정하는 데 조타적 논의들로 기여했다(박인기, 2010 · 2011; 이도영, 2013; 김창원, 2002 · 2008 등). 이들은 국어 교육을 단지 교과 내부의 논리로서가 아니라 미래의 언어 문화를 추동하고 이 시대의 인문학적 정신을 창출할 수 있는 포괄적이고 융합적인 교육적 테제로서 파악하고 있다는 점에서 본 연구의 시각을 확장하는 데 도움을 주었다.

---

5) 비평 텍스트를 시나 소설과 같은 읽기 자료나 따라야 할 모범적 텍스트로 인식하여 비평을 '실체'로서 인식하는 동시에 문학 작품의 의미가 어떻게 형상화되어 있는가를 밝히면서 작품을 해석하고 평가하는 '활동'으로 이해하고 있다.

3 경험에 대한 교육학의 접근

사실 교육에서 '경험'의 강조는 그다지 새로운 관점이 아니다. 특히 학교에서 획득해야 할 교육적 경험에 대한 강조는 모든 교육적 기획이 염두에 두어야 할 기본 개념이다. 그럼에도 불구하고 본 연구에서 '경험'에 주목하는 것은 앞에서도 잠시 언급했듯이 텍스트와 주체의 상호 교섭 과정이라는 비평의 본질이 경험의 속성과 연동되기 때문이다.

'경험'은 먼저 철학적 주제로서 인식론의 주요 개념으로 다루어져 왔다. 근대의 로크(Locke, John)나 흄(Hume, David)의 경험론(empiricism)에서 인식의 근원을 이성보다 감각적 지각이나 직관에 두려고 노력했지만 로크나 흄의 경험론은 기본적으로 경험 주체와 대상의 이분법적 분리를 전제로 한 경험이었다. 이들은 경험의 두 요소로 '관념'과 '정신'을 설정하여 인식의 과정을 경험 주체인 정신이 바깥에 존재하는 경험 대상으로서 관념을 획득하는 과정으로 이해했다고 할 수 있다. 이런 점에서 듀이(Dewey, John)는 근세 인식론의 경험이 수동적이고 정적인 '주어진 경험'일 뿐이라고 비판하고, 경험은 경험 주체인 유기체와 경험 대상의 상호 교섭적 작용을 통해 형성되는 것이라고 주장했다. 우리가 주목해야 하는 경험은 구체적 상황 속에 존재하는 인간 유기체가 늘 직면하는 일상적인 일차적 경험, 즉 '살아진' 경험이어야 한다는 것이다. 특히 듀이의 경험론은 경험을 통한 지식 습득 자체를 강조하는 것이 아니라 주변 환경과의 상호 작용을 통한 경험의 지속적 성장을 강조하고 있다는 점에서 교육에서 전유할 가치가 있다.

주체와 환경의 상호 교섭을 통한 경험의 형성과 성장의 원리는 교과 학습을 통해 학습자들에게 어떠한 지식을 구성할 것인가라는 질문 속에서 철학적 관점으로 정교화되었으며 구체적인 교육 내용의 구성이나 교수·학습의 장에서 철학적 준거로 활용되었다. 예컨대, 국어과에서 언어는 항상 복잡한 의사소통 과정의 틀에서 비언어적 요소들과 함께 여러 요인의 복합체인 텍스트로 나타나고 그 결과 사회·문화적인 소통의 맥락에서 텍스트를 구성하는 구체적인 기호라는 관점(이도영, 2013)을 적용할 경우 규범 위주의 지식적 관점에서의 비평수업이 아닌 국어 생활과 밀접한 비평 경험의 교육적 기획을 모색할 수 있게 된다. 특히 교과 교육에 경험적 접근을 시도하여 학습자의 경험을 풍요롭게 창출하는 데 역점을 두어야 함을 강조한 논의들은 본 연구가 비평에 대한 경험적 접근의 가능성을 탐색하는 데 긍정적으로 참조한 논의들이다(김기수, 2008; 홍기태, 2010; 강상희, 2014; 최홍원, 2015 등). 경험에 관한 교육학적 성과는 본 연구가 경험으로서 비평을 제안하여 비평의 교육적 성격을 정립하고, 일상적이고 지속적인 비평 경험을 통해 건강한 비평 주체[6]로 성장할 수 있는 교육적 경험의 가능성을 타진하기 위한 토대로 활용했다.

본 연구는 비평에 대한 인문학적 접근과 문학 교육의 접근, 그리고 경험에 대한 교육학적 성과에 기초하여 두 가지 경로를 마련한 후 국어 교육에서 비평 경험의 논의 가능성을 진단할 것이다. 먼저 비평에 대한 근본적인 성찰을 위하여 비평의 고전적 용례와 함께

6) 여기서 '비평 주체'는 교육의 장에서 '학습 주체', 더 나아가서는 '삶의 주체'를 지향하면서 동시에 그 속에 포섭되는 개념이다.

20세기 초 조선에 비평이라는 용어를 둘러싼 수용과 정착 과정을 추적하여 근대 지식장에서 '비평'이 정착되어 갔던 역사적 경로를 추적한다. 다음으로 제도 교육에서 비평을 수용해 온 양상과 맥락을 추적하고, 그 과정에서 비평의 교육적 위상과 정체성의 모호한 입지와 근거를 탐색한다. 두 경로에 대한 고찰은 비평의 교육적 성격을 정립하고 재구성하는 기초 연구로 활용한다.

이를 바탕으로 국어 교육에서 비평의 성격을 구축하기 위해서 비평 개념을 세 가지 관점에서 추출한다. 먼저, 비평의 전제로서 '비평 현상', 비평의 본성으로서 '평가적 비평' 그리고 비평의 교육적 근거와 정당성으로서 '경험으로서 비평'이 그것이다. 이들 세부 개념들은 독자적이거나 개별적인 요소가 아니라 서로 논리적이고 계기적이며 중첩적으로 작용하여 이 연구의 핵심인 '비평 현상에 대한 경험적 접근'으로 귀결될 것이다.

이상의 입론 과정은 국어과에서 비평 교육이 학습자의 비평 경험을 교육적으로 지원하고 학습자가 학교에서의 비평 경험을 통하여 건강한 비평 능력을 함양할 수 있는 이론적 틀을 구축하기 위한 과정이 될 것이다. 이를 위해 국어과가 지속적으로 비평 교육을 실행해 왔다는 사실에 주목하여 국어 교육이 비평을 인식하고 수용해 온 양상을 교과서에 수록된 비평 텍스트를 통해 확인하고 성찰하는 작업을 수행할 것이다. 이러한 분석은 예상보다 상당히 유효한데, 비평의 성격이나 역할을 온전히 수행하지 못한 비평 텍스트들도 있는 반면에 비평을 현상으로서 인식하고, 비평의 평가적 성향을 잘 발휘하여 비평의 기능을 수행한 텍스트들조차 그 의미와 가치를 교육적으로 읽어내지 못한 사례도 적지 않기 때문이다. 교과서 수록 비평 텍스트를 대상으로 '다시 읽기'를 시도하여 국어과가 비평 텍스트를 가르치는 방법을 살펴보는 과정에서 비평의 교육적 기능을 재삼 강조하기로 한다.

제 2 장

비평의 문화사적 경로 진단

비평의 문화사적 경로 진단

1. 고전적 용례를 통한 비평의 이해

1) '크리티시즘(criticism)'과 '비평(批評)'

일반적으로 비평은 '사물의 옳고 그름, 아름다움과 추함 따위를 분석하여 가치를 논함'(표준국어대사전)이나 '미술 작품의 미학적인 가치나 특성을 평가하는 일'(세계미술용어사전) 등과 같이 가치를 논하거나 평가하는 행위로 이해된다. 비평이라는 어휘가 하나의 담론적, 일상적 용어로 사용되기 시작한 것은 언제부터일까? 물론 축자적 분석에 따른 사전적 정의가 '지금, 여기'의 교육에서 비평의 의미를 포괄한다고 볼 수는 없다. 그러나 '비평'이라는 용어에 내포된 어의(語義)와 비평이라는 용어가 사용된 사례를 확인하는 것은 이 용어의 개념과 본질을 이해하는 데 도움을 줄 수 있다.

'비평'은 '재판, 심판, 또는 감정가, 심사원'의 뜻을 지니는 라틴어 '크리티코스(criticus, criticos)'와 '분할, 구분, 또는 결정하다, 식별하다,

권위 있는 의견을 말하다'의 뜻을 지니는 그리스어 'Krinein'에서 유래(홍문표, 2003:31)한 'criticism'과 '밀어 젖히다, 좋고 나쁜 것을 가리다' 등의 뜻으로 쓰는 '비(批)'와 '좋고 나쁨이나 잘되고 못됨, 또는 옳고 그름 따위를 분석(分析)하여 논(論)하는 일, 즉 공평(公平)하게 논함'의 뜻을 지니는 '평(評)'의 뜻이 합쳐져 '좋고 나쁨, 옳고 그름을 갈라 말함'이라는 뜻을 지니는 한자어 '批評'과 관련이 깊다. 'criticism'과 '批評'에 관한 어의를 통해 비평의 사전적 의미는 주어진 대상을 구성 요소로 식별하여 옳고 그른 것 혹은 좋고 나쁜 것을 가리는 행위로 이해할 수 있다. 그렇다면 비평이라는 어휘가 일상적인 언어 환경의 장(場)에 어떠한 모습의 용어(terminology)로 등장했을까?

레이먼드 윌리엄스(Williams, Raymond)는 서양에서 크리티시즘(criticism)이라는 어휘가 영어에 등장한 것을 17세기 초로 보고 있다. 이때 크리티시즘(criticism)은 흠잡기(fault-finding)나 부정적 판단(negative judgement)이나 비난(censure)과 같은 부정적 의미를 내포하는 어휘로 사용되었다. 그러나 제도로서의 크리티시즘(criticism)의 출현은 역사, 철학, 웅변, 극예술, 시 그리고 소설을 모두 포함하고 있었던 '문예 belles-lettres'라는 개념이 와해되었던 18세기 말에서 19세기 초로 보는 것이 일반적이다. 제라드 델포의 기술에 따르면 독자적이고 전문적인 활동으로서 비평은 1750년과 1850년 사이 문학이라는 개념의 출현과 부르주아 독자층의 형성과 함께 출현했다. 작가의 활동이 '문자업'으로 직업화되면서 자기의 펜으로 먹고 사는 작가와 함께 두 번째로 생겨난 근대적 활동이자 직업이 비평이라는 것이다. 특히 18세기 말에서 19세기 초의 민중 계급을 대상으로 한 문자 교육과 신문・잡지 등의 정기 간행물과 도서관, 서적상 등의 발전이 자율적이고 잠재적인 독자층의 형성이 제도로서 비평의 출현과 관계된 물질적이고 지적인 토대로 작용했다. 이때의 크리티시즘(criticism)은 문학을 평가하는 활동이나 그러한 평가를 구현하는 글쓰기의 용례로 사용되었고, 취향(taste), 교양(cultivation), 문화(culture), 식별(discrimi- nation), 권위적인 판단(authoritive judgement)와 같은 의미를 내포하게 되었다(강용훈, 2013).

그렇다면 우리나라의 어휘장(場)에 크리티시즘(criticism)은 어떠한 의미로 등장했을까? 크리티시즘(criticism) 관련 어휘를 처음으로 번역할 무렵, 번역자들이 채택한 어휘는 '평론'이었다. 언더우드(Horace G. Underwood)가 편찬한 『한영ᄌᆞ뎐』(1890)에는 '비평'은 물론 '평론'이라는 단어 역시 수록되지 않았지만, 2부 「영한사전」에서는 'criticism' 관련 어휘인 'Critic'과 'Criticise'의 번역어로 제시되고 있다.

1 Critic, n. 평론ᄒᆞᄂᆞᆫ이
Criticise, v.t. 평론ᄒᆞ오.
H.G. Underwood(1890), 『韓英字典한영ᄌᆞ뎐』

2 평론ᄒᆞ다 to discuss, to arbitrate
James S. Gale(1897), 『한영자전』

3 critic n. 비편가(批評家), 감뎡자(鑑定者),
criticise iv.(adversely) 론박ᄒᆞ다(論駁)
criticism n. 비평(批評), 논박(論駁)
George Heber Jones(1914), 『英韓字典』

이 자료들은 용어로서 '비평'이 근대 사전에 등장하는 초기 모습을 보여준다.[7] 1과 2는 언더우드(H.G. Underwood)와 게일(James S. Gale)이 1890년과 1897년에 각각 편찬한 이중어 사전이다. 전자에서는 'criticise'를 표제어로 제시하여 '평론ᄒᆞ오'로 번역했으며, 후자는 '평론ᄒᆞ다'를 표제어로 제시하고 'to discuss', 'to arbitrate'라는 의미로 관련지었다. 1890년대 말의 시점에서는 'criticism'이란 용어도, '비평'이라는 용어도 등장하지 않았던 것으로 보인다.

용어로서 'criticism'이나 '비평'이 등장하기 시작한 것은 이들보다 약 20년 뒤인 3에 와서이다. 3은 미국인 선교사 존스(George Heber Jones)가 편찬한 1914년판 사전으로서 'criticism'을 제시하고, 그 의미를 '비평(批評), 논박(論駁)'이라는 어휘로 선정했다는 사실을 보여준다. 오늘날 자명한 관계처럼 여겨지는 'criticism-비평(批評)'이 의미상 관계를 이루며 등장한 것은 1910년대 중반에 이르러서였다는 것이다. 흥미로운 것은 이상의 용례를 볼 때 'criticism'이라는 어휘가 관련 어휘와 함께 '토의'나 '중재', '논박', '평론', '비평' 등의 다양한 의미로 이해되었다는 사실이다. 그와 함께 특정 텍스트나 장르의 의미가 아니라 '토의나 중재, 판단' 등과 같이 활동이나 행위를 지칭하는 용어로 인식되었다는 점도 눈여겨 볼 일이다. 그런데 좀더 천착해야 할 것은 'criticism-비평(批評)'의 관계 짓기, 즉 'criticism'의

7) 자료로 삼은 세 사전은 황호덕·이상현(2007), 『한국어의 근대와 이중어사전』(영인판)을 참조했다. 1은 제Ⅱ권:Underwood, Horace Grant, 『韓英字典한영ᄌᆞ뎐(A Concise Dictionary of the Korean Language)』, Yokohama: Kelly & Walsh; London: Trbner & Co., 1890, 64쪽 그리고 제Ⅴ권:Gale, James Scarth, 『韓英字典한영ᄌᆞ뎐(A Korean-English Dictionary)』, Yokohama: Kelly & Walsh, 1897 2는 제Ⅳ권:Jones, George Heber, 『英韓字典영한ᄌᆞ뎐(An English-Korean Dictionary)』, Tokyo, Japan: Kyo Bun Kwan, 1914, 56쪽이다.

번역어로 '批評(評論)'을 제시했다는 사실은 우리나라의 어휘장에서 '비평(批評)'이 이미 19세기 이전에도 통용되었던 어휘라는 점을 보여준다. 이를 염두에 두고 다음의 용례를 살펴보자.

4 南溪異石記　甲戌三月。谿谷**批評**云。滿篇古氣。意亦圓暢。此篇似勝下篇。篇間有復語。孰看必自得(南磵集選卷之一)[8]

(진한 글자_인용자)

5 新刻官板**批評**正百將傳/張預(明)集・何喬新　續・趙光裕(明)評/
간행년대 1360년 전후 편집・ 1589년 재간행

明代 張預가 周齊太公에서 五代시대 梁의 劉에 이르는 총 백명의 名將 들의 행적에 관한 기록을 수집하여 편찬한 ≪百將傳≫ 10권과 그 후 何喬新이 ≪百將傳≫에 宋元시대의 명장 40인을 덧붙여 편찬한 ≪百將傳續集≫ 4권을 1589년(만력17년 기축) 趙光裕가 批評을 첨부하여 새롭게 교정 편찬한 책이다. 趙光裕의 自序에 의하면 백장전과 속집은 서로 兵家의 뜻을 밝히는데 도움이 되는 중요한 책이지만 당시에는 책이 간행된지 너무 오래되어 글자 식별이 어려울 정도였다. 마침 동료들이 武經의 해석과 傳의 교정을 청하자 아울러 이 책도 교정하게 되었다고 한다. 교정과정에서 병법에 합치되는 내용이나, 사건의 득실 등을 밝혔고 사건의 輕重을 분명히 단정할 수 있는 것은 圈點을 첨부하여 구분하였다고 한다. ...(중략)...張預에 관해서는 자세한 기록은 알 수 없으나 楊維禎의 ≪歷代將鑑博議≫에 대한 서문에 의하면 병법에 뛰어 남은 물론 언행이 義를 근본으로하여, 문

8) 한국문집총간(http://db.itkc.or.kr)을 출처로 삼았으며 강여진이 해제했다.

무를 겸비한 인물로 평가되고 있다. 그는 ≪百將傳≫10권 이외에도 ≪歷代將鑑博議≫를 편찬하였다. 이 책에는 批評正續百將傳序와 目錄이 첨부되어 있으며 각 권은 열 명의 명장을 한 권으로 묶어 14권으로 구성되어 있다. 이 책의 각 장마다 상단에 조광유의 비평이 실려 있다.[9](진한 글자 및 밑줄_인용자)

6 新刻鍾伯敬先生批評封神演義　저자 鍾惺(明) **批評**

明代 장편 소설에 明 鍾惺(1547-1624)이 評點을 가한 것이다...(중략)...이 책의 明刊本으로는 日本 內閣文庫에 소장된 金閶 徐載陽 刊本이 있는데, 이 판본에는 李雲翔이 霖甫를 위해 쓴 서문과 50쪽의 그림이 수록되어 있다. 北京大學 圖書館에 소장된 두 종류의 淸代 판본들은 모두 明刊本을 復印한 것인데, 하나는 ≪封神傳≫이라고 제목을 붙이고 20쪽의 그림을 수록한 판본이고, 다른 하나는 蔚文堂에서 나온 것으로 ≪商周列國全傳≫이라는 제목을 붙이고 '鍾伯敬先生評'이라는 標題가 달려 있다. 위 두 판본에는 모두 長洲 周之標 君建의 서문이 수록되어 있다...(중략)...규장각 소장본은 제1회 전체와 제2회 일부만 남은 零本인데, 표지에는 ≪周文新傳≫이라고 적혀 있으나, 卷首題에는 ≪新刻鍾伯敬先生批評封神演義≫로, 版心에는 ≪封神演義≫로 되어 있다. 이 책의 본문에는 句讀가 찍혀 있고, 제1회의 末尾에는 '總批'가 첨부되어 있다. 그러나 제2회의 末尾와 '總批'는 잘려 나간 상태인데, 이것이 製本의 실수인지는 알 수 없다. 이 책의 評點을 쓴 鍾惺은 竟陵(지금의 湖北 天門) 사람으로, 字는 伯敬이고, 號는 退

9) 서울대학교 규장각한국학연구원(http://e-kyujanggak.snu.ac.kr)을 출처로 삼았으며 김영우가 해제했다.

谷이다.[10](진한 글자 및 밑줄_인용자)

4는 나해봉(羅海鳳)(1584~1638)의 문집으로 1799년 간행된 남간집선(南磵集選)의 일부이다. '계곡이 비평하여 이르기를(谿谷批評云)'에 '비평(批評)'이 등장하고 있다. 계곡(谿谷)은 나해봉이 교유한 계곡 장유(谿谷 張維)인 것으로 짐작된다.

5는 김영우의 해제에서 알 수 있듯이 명나라 장예(張預)가 주제(周齊) 오대(五代)에 이르는 100인의 명장들의 행적에 관한 기록을 수집하여 편찬한 ≪百將傳≫10권과 그 후 何喬新이 ≪百將傳≫에 송・원(宋元) 시대의 명장 40인을 덧붙여 편찬한 ≪百將傳續集≫ 4권을 1589년(만력17년 기축) 조광유(趙光裕)가 '비평(批評)'을 첨부하여 새롭게 교정 편찬한 책이다. 여기에 수록된 조광유의 자서를 보면 조광유가 첨부한 '비평'의 기준이나 내용까지 파악할 수 있다. 이를테면 '백장전과 속집은 서로 兵家의 뜻을 밝히는데 도움이 되는 중요한 책이지만 당시에는 책이 간행된 지 너무 오래되어 글자 식별이 어려울 정도였다. 마침 동료들이 武經의 해석과 傳의 교정을 청하자 아울러 이 책도 교정하게 되었다고 한다. 교정 과정에서 병법에 합치되는 내용이나, 사건의 득실 등을 밝혔고 사건의 輕重을 분명히 단정할 수 있는 것은 圈點을 첨부하여 구분하였다고 한다'에서와 같이 우선 글자를 식별하고 나아가 교정하는 것을 비평으로 삼았다. 주된 교정의 내용은 병법에 합치되는 내용이나 사건의 득실 등을 밝히고, 사건의 경중을 분명히 단정할 수 있는 것은 권점을 첨부하여 구분

10) 서울대학교 규장각한국학연구원(http://e-kyujanggak.snu.ac.kr)을 출처로 삼았으며 홍상훈이 해제했다.

하는 식이었다. 요컨대 조광유가 첨부한 '비평'이란 내용이나 사건의 득실, 즉 옳고 그름을 가리어 밝혀내고 사건의 경중 즉 가치를 판단하는 것이 중심이었으며 이를 권점(圈點)을 첨부하여 구분하는 것으로 가치를 매긴 것이라 할 수 있다.

6에서는 권점(圈點)을 평점(評點)으로 일컫고 있다. 이 자료의 권두제 역시 '新刻鍾伯敬先生**批評**封神演義'이라는 식으로 '비평'이라는 어휘의 용례를 보여준다. '비평'을 '명대 소설에 평점을 가한' 것을 가리키는 용어로 사용하고 있다. 나아가 이 자료는 비평과 관련된 또 다른 고전 어휘인 '총비'의 용례를 보여준다. 홍상훈이 해제한 바에 따르면 '이 책의 본문에는 句讀가 찍혀 있고, 제1회의 末尾에는 '總批'가 첨부되어 있다. 그러나 제2회의 末尾와 '總批'는 잘려 나간 상태인데, 이것이 製本의 실수인지는 알 수 없다'에서 알 수 있듯이 마지막에 '총비(總批)'가 첨부되어 있다고 설명하고 있다.

이러한 논의를 미루어 볼 때 '비평(批評)'이라는 어휘는 우리나라 어휘의 장에 '크리티시즘'이 수용되는 19세기 이전에 이미 존재하고 있었으며 옳고 그름을 가리어 밝히고 가치를 판단하는 행위 정도의 의미로 통용되었던 것으로 보인다. 아울러 권점(圈點)이나 평점(評點), 그리고 총비(總批) 등이 '비평(批評)'과 관련된 용어로 함께 사용되었다.

2) '비점평주(批點評註)'로서의 비평

이 절에서는 '비평'의 고전적 용례 중 하나인 '비점(批點)'과 '평주

(評註)'의 복합적인 행위를 의미하는 '비점평주(批點評註)'[혹은 '비점평점(批點評點)']를 살피기로 한다. '비점(批點)'은 작품에 대하여 간단히 평가[批]하고 잘된 부분에 점을 찍는 일[點]을, '평주(評註)'는 작품에 대한 평가[評]와 함께 보충적 내용을 추가[註]하여 작품에 대한 이해와 판단을 돕는 일을 가리킨다. 특히 '평주'는 작품에 대한 해석을 언어로 제시하는 '평(評)'과 아름다운 표현이나 글자, 구절의 용법이나 문단 전체의 구성에서 주목되는 부분에 둥글거나 뾰족한 형태의 기호로 표시하여 독자의 주의를 환기하는 '권(圈, ○)과 점(點, 、)'이 합쳐진 평점(評點) 형식으로 행해졌다. 평주(評註) 중에서 본문과 나란히 붙어 있는 평주를 특별히 '비(批)'라고 하여 '비점'과 '평주'를 유사한 것으로 보기도 한다.[11)]

흥미로운 점은 평점 비평이 대상으로 삼은 텍스트가 문학 텍스트만이 아니라 공적 문서나 일상적인 문서 등 비문학 텍스트에 이르기까지 외연이 상당히 넓었다는 점이다. 중국의 류이칭(劉義慶, 403~444)이 자신의 일화 문집인 『세설신어』(世說新語)의 「문학」(文學) 편에서 평점 쓰기를 실행한 이래 다른 사람의 저작을 평하는 발문이나 자연 경관을 칭송하는 시에 이르기까지 평점 비평은 광범위하게 행해졌다(David Rolston, 2009). 우리나라 역시 비점, 평점 행위는 신하의 상소문에 대한 임금의 비답(批答)에서 시문(詩文)에 대한 평가에 이르기까지 일차 텍스트에 대한 이차적 의사 표현 행위로 정착되었다.[12)]

11) '비점(批點)', '평주(評註)', '평점(評點)' 등에 관한 의미는 정길수(2008), 김성룡(2009), 박희병(2010), 김대중(2013) 등을 참조할 수 있다.

12) 평점 비평(評點批評)의 기원은 당대(唐代)까지 거슬러 올라가고 서사문학 평점의 기원 역시 남송의 劉辰翁(1231-1294)이 평점을 가한 『世說新語』까지 올라가야 하지만, 조선 후기에 평점 비평이 비평의 주요 형식으로 인식되었던 근원은 명말청초의 문인 金

예컨대 다음과 같은 경우에서 그 용례를 확인할 수 있다.

> 7 임금이 읽어 보고, 칭찬하고 탄복하기를 오래도록 하다가, "곧도다! 이 사람! 조정 신하 가운데 이 사람처럼 곧은 말을 하는 자가 없다."
> 하고, 드디어 붓을 잡아 '공동 죄일(功同罪一)'이라는 네 글귀에 친히 **비점(批點)**을 찍고, 이를 발탁하여 사간원 우헌납(司諫院右獻納)을 임명하였다(태종 9년(기축, 1409) 6월 25일).[13]

> 8 "이가환(李家煥)의 시권을 들이도록 하라." 하고, 승지홍국영에게 읽도록 명하고는, 이르기를, "머리말과 조목조목 기술한 것이 장원의 글보다 낫다."하였다. 다섯 군데 비점(批點)을 찍으라고 명하였는데, 마치자, 내가 이르기를, "1등 세 사람과 비점을 찍으라고 명한 이가환은 입시하라."하니, 1등한 세 사람 유성한(柳星漢)、서배수(徐配修)、정계순(鄭啓淳)과 **비점(批點)**을 찍으라고 명한 이가환이 앞으로 나왔다. 이가환에게 앞으로 가까이 오도록 명하고 조목마다 출처를 하문하니, 이가환이 모두 우러러 대답하였으므로, 내가 이르기를, "인재라 할 만하구나." 하였다(정조원년(건륭 42, 1777) 4월21일).[14](강조 표시_인용자)

7은 조선 초기 정화랑의 상소문을 읽은 태종(太宗)이 상소문에서

聖嘆(1607-1661)에 있다. 김성탄의 평점 비평이 조선 후기 문인들에게 읽히며 특히 18세기 후반에서 19세기 사이에 문인들의 창작과 비평에 영향력을 행사했다. 자세한 논의는 정선희(2005), 정길수(2008) 등 참조.

13) 이 자료의 출처는 『國朝寶鑑』 제3권 「太宗祖」이며, 번역문은 '한국고전종합DB'를 참조했다.

14) 이 자료의 출처는 『일성록』 이며, 번역문은 '한국고전종합DB'의 이강욱(역)을 참조했다.

'공동 죄일(功同罪一)'이라는 글귀에 비점(批點)을 찍고 정화랑을 사간원 관리에 임명하는 장면이고 8은 조선의 정조가 이가환의 시권(詩卷)에 대해 다른 세 명의 장원의 글보다 낫다고 칭찬한 후 시권에서 다섯 곳의 잘된 부분에 비점(批點)을 찍으라고 명하는 장면이다.

두 자료는 독자로서 평자(評者)(태종, 정조)가 작자(정화랑과 이가환)의 텍스트에서 공감하거나 잘 썼다고 판단한 부분에 '비점'을 찍고 평가를 내리는 모습을 보여준다. 흥미로운 것은 두 경우 모두 비점 행위를 문장에 대한 평가에 국한하지 않고 인재 등용의 척도로 삼고 있다는 사실이다. 태종이 정화랑의 상소문을 평가한 뒤 정부의 관리로 등용했던 사실, 정조가 이가환의 시를 읽고 '인재'라며 탐복했던 사실에서 문학 능력뿐만 아니라 한 인물의 정치 사회적인 능력을 평가하는 기준으로 비점 행위를 활용했던 당시 사회 문화적인 환경을 엿볼 수 있다. 문학 능력을 인재 등용의 척도로 삼았던 현실에서 작품에 대한 비평은 개인의 사회적 능력이나 정치력을 가늠하는 척도로 구사되었다는 점에서 비평 행위의 영향력을 확인할 수 있다.

> 9 허균이 이렇게 한 것은 대개 몰래 기교(機巧)를 부려 보려고 가만히 이 시구(詩句)를 지었고, 김시습과 가낭선(賈浪仙)의 고사(故事)를 인용하여 이이가 산에 들어 갔다는 근거없는 비방을 사실로 만들었는데, 다른 사람이 본 문집에 없는 이유로써 그 간교(奸巧)한 실상을 엿보고 깨뜨릴까 두려워하여 3, 4글자를 꺼려했다는 말로 **비평(批評)**하기에 이르렀으니, 간사하고 아첨을 잘하는 사람의 재능이란 음흉하고 또한 간사합니다. 대저

이이(李珥)가 초년(初年)에 정도(正道)를 구하면서 잠깐 산림에 머물러 놀았던 것이지, 원래는 속세의 몸을 버리고 형상을 변하여 불가(佛家)에 귀의(歸依)하려는 일은 아니었습니다. 그렇기 때문에 을해년 이후부터는 조정의 벼슬아치와 유생들이 논변하기를 매우 명백하게 하였고, 지난날 문정공(文正公) 송시열(宋時烈)이 그의 스승 문원공(文元公) 김장생(金長生)의 문집을 올리는 상소(上疏)에서, '이이(李珥)는 일찍이 형상을 변하지 아니했다.'고 변론하여 홍수주(洪受疇)의 거짓말한 것을 타파(打破)하였음이 더욱 통쾌하였으니, 이 시(詩)는 이이가 지은 것이 아니라는 것은 환하게 밝을 뿐만이 아닙니다. 더구나 이 시의 기구(起句)에, '동서(東西)로 이별한 것이 묻노니 몇 년이나 되었는가?' 라고 하였는데, 이이의 상소를 연보(年譜)와 상고하여 보면, 그가 풍악(楓岳)에 있었던 것이 1년이 못되는데, 이 시가 과연 자작(自作)이라면 어찌 그 연세(年歲)마저 잘못 기록하였겠습니까? 이 때문에 전일에 이 글이 비록 혹 등본(謄本)이 있었다 하더라도 사대부(士大夫)들이 그 글의 패리(悖理)하고 망령된 것을 미워하여 대개는 수록(收錄)하는 이가 적었고, **비평(批評)**을 했다는 말은 들어 보지 못했습니다.[15](강조 표시_인용자)

15) 이 상소문의 전체 원문은 다음과 같다. "朴泰淳之尹廣州也, 刊行許筠所裒≪國朝詩刪≫。筠卽昏朝賊臣, 而構毁李珥者篈之弟也。筠常粹選東方詩什, 而乃於卷中, 贋作長律一篇, 以爲李珥之詩, 題之以初出山贈沈景混, 而其上聯有曰: "前身定是金時習, 今世仍爲賈浪仙。" 又批之曰: "此詩不載本集, 似爲三四諱之。" 其所謂三四, 卽指前身今世等語也。 筠之爲此, 蓋欲潛用機巧, 暗作詩句, 引用金、賈之故事, 以實入山之浮謗, 而又恐人以本集所無, 覰破其奸狀, 至以諱之之語爲批, 憸人伎倆, 陰且慝矣。夫李珥之初年求道, 暫遊山林, 元非有舍身變形之事, 故自乙亥以後, 朝紳、章甫, 論辨甚晣, 而向者文正公宋時烈, 於投進其師文元公金長生文集之疏, 仍辨李珥之未嘗變形, 以打破洪受疇之譸言者, 尤爲痛快, 則此詩之非珥所作, 不啻灼然矣。況此詩起句曰: "分袂東西問幾年?" 而以珥之上疏與年譜考之, 則其在楓岳, 未滿周年, 此果係自作, 則夫豈誤記其年歲耶? 是故前日此書, 雖或有謄本, 而士大夫嫉其悖妄, 蓋鮮收錄, 至於**批評**, 則世所罕聞。不意泰淳, 乃謀剞劂, 以廣其傳

[9]는 숙종 26년 유생 오언석 등이 허균이 편찬한 시선집 『국조시산(國祖詩刪)』(허균 편찬, 박태순 간행)을 폐기할 것을 상소한 글이다.[16] 내용은 허균이 이이의 시 한편을 소개하고 이를 "'이 시는 본 문집에는 기재되어 있지 않았으니 3, 4글자를 꺼려서 그러했던 것 같다' 고 하며 그 3, 4글자란 것은 곧 전신(前身) 금세(今世) 등의 말을 가리킨 것입니다"라고 '비평'했던 사실에 대한 오언석 등의 반론이 중심이다. 오언석 등은 이이의 전기적 사실과 이이가 풍악에서 지내던 시간이 일 년이 되지 않는다는 실증을 통해 이이의 사람됨이 변하지 않았다, 그리고 이이의 전기적 사실과도 맞지 않는다는 점을 들어 허균의 비평이 이이를 모함하는 것이라며 반박한다. 객관적인 근거를 토대로 하지 않은 비평은 "근거 없는 비방"에 불과하다는 것이다. '비평'이라는 용어를 직접 사용하고 있다는 사실도 주목할

布, 又旁搜詩話, 以備註釋, 自製序文, 盛言其不可不傳, 而恨東俗之迫隘, 莫肯表章, 是誠何心哉? 雖曰此事初非有意, 諒其尊尙先賢之誠淺, 而徵信謬書之意深, 遂至此耳。向者從享聖廡之盛典, 雖幸追復, 人心益偸, 世變無窮, 若使醜正之徒, 出而藉口, 則此書之刊行, 實係斯文將喪之幾, 而泰淳有不得辭其責矣。伏願亟命有司, 毁其板火其書, 而仍治泰淳之罪。答曰: "今玆詩句, 決知其非文成之所作, 則朴泰淳之刊行僞詩, 以資醜正輩之藉口者, 果何意耶? 實未可曉也。當令該曹稟處。" 其後禮曹覆奏曰: "≪國朝詩刪≫三冊謄本, 流傳已久, 而其所謂文成公詩一篇, 旣是本集之所不載, 且其三四語意, 與實蹟大相乖謬, 疏中所陳, 誠有意見。當初刊行之時, 慮不及此, 因循謄本, 混同刊出, 誠有疎率不審之失, 而若律之以尊賢誠淺, 則大是情外。且勘罪一着, 元非本曹所管, 板子則依疏辭毁其全板, 恐無不可。 冊子則其詩旣在其中, 不宜仍置, 而刊出旣久, 印布亦廣, 一一搜聚付火之際, 不但事極煩擾, 勢且難行, 使各其印藏者, 就其中抹去此一首之意, 知委施行, 亦足爲辨釋之道。" 判曰: "朴泰淳之不能審愼, 混同刊出, 誠有所失, 罷職。"肅宗 34卷, 26年(1700 庚辰 / 청 강희(康熙) 39年) 2月 26日(辛卯), 肅宗實錄 > 肅宗實錄 二十六年(1700年) > 二十六年 二月 > 肅宗 26年 2月 26日. 원문과 번역본은 한국고전종합DB, 한국고전번역원.

16) 『국조시산』은 조선초 정도전부터 허균 당대의 인물인 권필에 이르기까지 35인의 889수를 뽑아 엮은 시선집이다. 허균 자신이 여러 시인들의 시를 직접 선정한 것이 아니라 이미 다른 사람들이 선정한 시선집에서 다시 자신의 안목으로 비평을 가하여 추려낸 시선집이다. 그러나 이 책은 허균 사후 80여년이 지나서 박태순에 의해 편집, 간행되었다. 이에 대한 자세한 논의는 박철상(2007) 참조.

만하지만 비평이 객관적인 근거를 수반하는 평가이어야 한다는 규범적 인식을 보여주고 있다는 점에서도 흥미롭다.

19세기 이전에 사용된 '비평'의 용례 중 '비점평주'에 대하여 살핀 내용은 다음과 같다. 첫째 고전적 의미의 '비평'은 문학 텍스트의 특정 글귀나 전체에 대한 비점(批點) 행위, 텍스트 전체에 대한 비평(批評) 행위 등의 문(文)의 영역뿐만 아니라 신하의 상소문에 대한 임금의 비답(批答) 행위 등 정치 사회 영역에 이르는 다양한 범주에서 통용되었다. 둘째, 고전적 '비평'은 텍스트를 직접 읽고 경험한 것을 바탕으로 비평 주체의 인지적, 정의적 가치관을 생생하고 구체적으로 담아냈다. 셋째, 고전적 의미에서 '비평'은 일상적이고 보편적인 행위로 인식되었지만 그렇다고 임의적이거나 개별적으로 수행된 것은 아니었고 체계적이고 독자적인 비평 문법에 따라 실행되었다. 넷째, 고전적 '비평'은 가치를 가리고 매기는 평가 행위로서 이해되었으며, 글쓰기의 특정 유형이나 특정 텍스트를 가리키는 의미로 사용되지는 않았던 것으로 보인다.

2. 근대적 제도로서 비평의 전환

1) 일상적, 보편적 평가 행위로서 비평

앞 절에서 살펴보았듯이 19세기 전후 무렵까지도 '비평'이라는 용어는 인간이나 세계, 혹은 구체적 텍스트 등의 옳고 그름, 좋고 나쁨 등을 분별하여 가치를 매기는 행위로서 인식되었다. 그렇다면

근대 전환기 무렵의 '비평'은 어떠했을까?

> [1] 著作權法 [明治三十二年法律第三十九號]...(중략)...第十九條原著作物에訓點. 傍訓. 句讀. **批評**. 註解. 附錄. 圖畵를加ᄒᆞ거나又ᄂᆞᆫ其他修正. 增減ᄒᆞ거나或翻案ᄒᆞᆷ을因ᄒᆞ야ᄉᆡ로著作權을生ᄒᆞᆷ이無ᄒᆞᄃᆡ但新著作物로看做ᄒᆞᆯ者ᄂᆞᆫ此限에不在ᄒᆞᆷ.(官報 附錄 / 隆熙二年九月十九日)[17](진한 부분_인용자)

> [2] 二 教育 普通學校教育ᄒᆞᄂᆞᆫ趣旨와方法을解得케ᄒᆞ야教 育者될만ᄒᆞᆫ精神을養成ᄒᆞᆷ으로써宗旨ᄅᆞᆯ삼고言論만虛尙ᄒᆞ야高遠ᄒᆞᆫ데馳騖ᄒᆞᄂᆞᆫ弊端이無케ᄒᆞᆷ이라 實地授業에就ᄒᆞ야ᄂᆞᆫ附屬普通學校에셔次第로師範學員으로ᄒᆞ야곰學徒ᄅᆞᆯ教授케ᄒᆞ고教員은其授業ᄒᆞᆷ을監督ᄒᆞ야臧否ᄅᆞᆯ**批評**ᄒᆞ고ᄯᅩ時時로躬自教授ᄒᆞ야模範을示ᄒᆞᆷ이라實地授業時間은第三學年의前半年이나後半年으로分定ᄒᆞ야教授ᄒᆞ나니此境遇에ᄂᆞᆫ他學科目의每週教授時 間을他半年에移定ᄒᆞᆷ이라(「部令」, 官報 第三千五百四十七號 / 光武十年九月一日 土曜) (진한 부분_인용자)

위 두 자료는 근대 전환기 제도와 습속을 근대적으로 제도화하기 시작할 무렵의 공적 문서이다. [1]은 저작권법의 개념과 범주를 설명하는 내용으로서 '原著作物에 訓點. 傍訓. 句讀. 批評. 註解. 附錄. 圖畵를 加ᄒᆞ'는 행위에서 일차 텍스트인 원저작물에 대한 이차적 행위로서 뜻하는 훈점, 방훈, 구두와 함께 비평이라는 용어를 사용하고 있다. [2]는 학부령 제20호로 공포된 '사범학교시행규칙'에 제시

17) 「告示」『官報 附錄』, 隆熙二年九月十九日. 원문은 서울대학교 규장각한국학연구원을 출처로 삼았다.

된 내용의 일부이다. 이 문서는 제1장 총칙에서 사범학교의 명칭(제1조)과 사범학교의 편제(제2조, 3조) 그리고, 학과목, 교수·학습 방법 등을 구체적으로 기술한 교육의 요지(4조)를 제시했다. 이어 제2장의 '학과목급요지(學科目及要旨)'의 제6조에서 사범학교의 학과목(學科目)을 교수(敎授)하는 요지(要旨)를 밝히고 있는데 '비평'이라는 용어가 수신(修身) 교과의 취지와 교육 방법을 설명하고 있는 데서 사용되고 있다. 여기서 비평은 '敎員은其授業홈을監督ᄒᆞ야臧否를批評ᄒᆞ고'에서 즉, 교원이 수업하는 것을 감독하여 잘하고 못함을 평가하는 행위로 이해하고 있는 것이다.

평가 행위로서 비평의 인식은 법률이나 제도와 같은 공식 문서뿐만 아니라 신문이나 잡지 등 일상적 담론의 장에서도 크게 다르지 않았다.

> 3 영국 론돈 타임쓰라 이르거드면 삼쳑 동ᄌᆞ라도 온 세계에 뎨일 큰 신문샤로 아나니 그 긔ᄌᆡ ᄒᆞᄂᆞᆫ 샤셜이 시시로 로투 뎐보에 올나 동양 졔국에 젼파 ᄒᆞ거니와 구미 각국도 그 긔ᄌᆡ ᄒᆞᄂᆞᆫ바를 놉히 밋으며 그 론 ᄒᆞᄂᆞᆫ바를 고렴 ᄒᆞ야 그 **비평** 批評ᄒᆞᄂᆞᆫ것이 영국 녀황이나라ᄆᆡ 교황 보다도 셰력이 더 장ᄒᆞ다 ᄒᆞ니 대개 지금인즉 타임쓰 신문의 셩가 聲價가 이 ᄀᆞᆺ치 크나 그러나 그 쳐음으로 브터 이 ᄀᆞᆺ흔 셰력과 이 ᄀᆞᆺ흔 디위를 가진것이 아니라 一百十四년 젼에 죤은 워터라 ᄒᆞᄂᆞᆫ이가 우쥬 일보 宇宙日報라 칭 ᄒᆞᄂᆞᆫ ᄆᆡ일 신문을 발ᄒᆡᆼ ᄒᆞ다가 그후 四년을 지ᄂᆡ여 타임쓰라고 곳쳐 칭 ᄒᆞ나 그러 ᄒᆞᄂᆞ 협착ᄒᆞᆫ 죠희 폭에 긔ᄌᆡ ᄒᆞᄂᆞᆫ 일이 젹은 즁에 그 신문샤의 셰력이 미약 ᄒᆞ야 사셔 보ᄂᆞᆫ이

가 적음으로 경뎨 샹에 극히 곤삽 ᄒᆞ더니 그 ᄋᆞ들 워터가 그 신문샤의 쥬인이 됨ᄋᆡ 그 면목을 ᄒᆞᆫ번 변 ᄒᆞ고 스ᄉᆞ로 ᄉᆡᆼ각 ᄒᆞ야 ᄀᆞᆯᄋᆞᄃᆡ 신문지로 ᄒᆞ여금 셰력이 잇게 ᄒᆞ고져 ᄒᆞᆯ진ᄃᆡ 특별히 서셔 그 셜명 ᄒᆞᄂᆞᆫ ᄌᆞ이 되기에 잇다 ᄒᆞ고 그 쥬의로써 ᄒᆞ고 신문샤의 긔ᄌᆡ와 ᄉᆞ무원을 권면 ᄒᆞᆫ즉 그 신문샤원들이 병든 남져지에 쾌활ᄒᆞᆫ 긔운을 새로 엇은듯 결연히 ᄲᅢᆸ내고 이러서셔 의론이 들어 나게 달 ᄒᆞ고 우편이 넓고 ᄲᅡ르니 ᄆᆞᆺᄎᆞᆷ 그 ᄯᅢ에 법국 라파륜이가 구라파 텬디에 진동 ᄒᆞ던 셰력이 ᄎᆞ뎨로 쇠퇴 ᄒᆞ거ᄂᆞᆯ 타임쓰 신문의 긔ᄌᆡ ᄒᆞᄂᆞᆫ 일은 텬하의 관쳠觀瞻을 더 움쟉이ᄂᆞᆫ지라 영국 졍부가 타임쓰 신문의 셰력이 ᄂᆞᆯ노 셩ᄒᆞᆷ을 시긔 ᄒᆞ야 ᄇᆡᆨ방으로 계교를 써셔 그 압뎨 ᄒᆞ야 약 ᄒᆞ게 ᄒᆞᆯ 도리를 ᄡᅳᆷ ᄒᆞ나 졍부의 위력으로 그 ᄯᅳᆺ을 ᄅᆡᆼ히 셰우지 못 ᄒᆞ며(하략)_「신문의 셩가」(논설), 『독립신문』, 1899.8.17. 1면 3단. (진한 부분_인용자)

4 墺京에 在ᄒᆞᆫ 倫敦쎄리엑스프렛스 新聞通信員의 報를 據ᄒᆞᆫ즉 俄國內相이 各新聞社에 訓示ᄒᆞ되 一은 俄國의 軍隊及軍艦動靜을 揭ᄒᆞ지말고 二ᄂᆞᆫ 俄國皇帝ᄂᆞᆫ 平和를 維持ᄒᆞ고 且各國民에게 好意를 表ᄒᆞ시고 他意가 無ᄒᆞ신쥴노 掛心ᄒᆞᆷ이 可ᄒᆞ고 三은 俄國政府에 不利ᄒᆞᆫ 諸强國間의 衝突을 喋喋ᄒᆞ지말고 四ᄂᆞᆫ 俄國의 外交政略及陸海軍謀略에 就ᄒᆞ야 **批評**ᄒᆞ지말나ᄒᆞ얏더라-「俄國內相訓示」(外報), 『황성신문』, 1900.8.22., 3면 1단. (진한 부분_인용자)

위 3, 4는 근대 초기 신문이 서구의 새로운 문물과 문화를 소개하고 수용하던 무렵의 기사이다. 3은 『독립신문』의 기사로서 영국

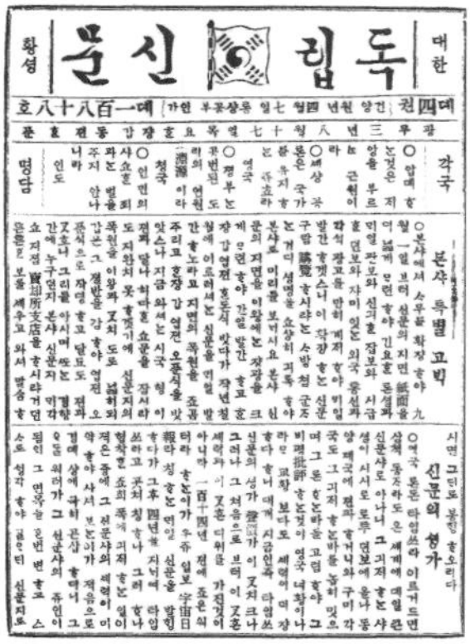
대한 독립신문 황셩
신문의 셩가

[그림 1] 「신문의 셩가」, 『독립신문』, 1899.8.17.

의 '런던타임즈' 신문의 영향력을 통해 근대 제도로서 신문의 기능에 대해 알리는 내용이 중심이다. 기사는 '런던타임즈'가 초기에는 독자가 적어 경제적 어려움을 겪었지만 2세인 '워터'가 신문사를 맡게 된 후 세상사에 대해 '의론이 들어 나게' 하는 신문사로 신문사의 역할과 방향을 정립한 것이 '타임쓰 신문의 셩가聲價가 이곳치 크'게 된 것이라고 설명하고 있다. 이 기사에서 눈여겨볼 것은 『독립신문』이 신문의 기능을 '비평 批評ᄒᆞᄂᆞᆫ 것'으로 인식하고 있는 것인데, 신문의 '비평'을 '영국 여왕이나 교황의 세력'보다 위대하다고 강조하는 장면이 흥미롭다. 뿐만 아니라 비평을 '설명'이나 '의론'과 관련시키고 있다는 점 역시 주목해야 할 요소이다. 다시 말해 비평의 옳고 그름에 대한 판단이나 평가 행위로서 비평을 설명, 의론과 함께 제시함으로써 비평의 객관성을 확보하고, 이것이 신문사에 대한 신뢰로 이어졌다는 관점이 함축되어 있다.

일상적 평가 행위로서 비평의 의미는 4에서도 다르지 않다. 이 기사는 세계에 대한 기사를 싣고 있는 '외보(外報)'란에서 러시아(俄國) 내상(內相)이 각 신문사에 훈시한 내용 네 가지를 보도하는 것으로서, 네 번째에서 '四ᄂᆞᆫ 俄國의 外交政略及陸海軍謀略에就ᄒᆞ야批評ᄒᆞ지말나ᄒᆞ얏더라'와 같이 '비평'이라는 어휘를 사용하고 있다. 러시아 내상이 신문사에 대해 자국의 외교 정략과 육해군 모략에 대하여 '비평'하지 말라는 내용이 중심이다. 비평의 대상을 외교 및 군사 전략으로 삼고 있는 것으로 보아 비평이 일상적, 사회적 용어로 사용되고 있었다는 사실 뿐만 아니라 신문의 역할이 사회, 정치, 외교, 군사 관련 정책이나 전략을 비평하는 임무를 수행하고 있었다는 점 또한 짐작 가능하다.

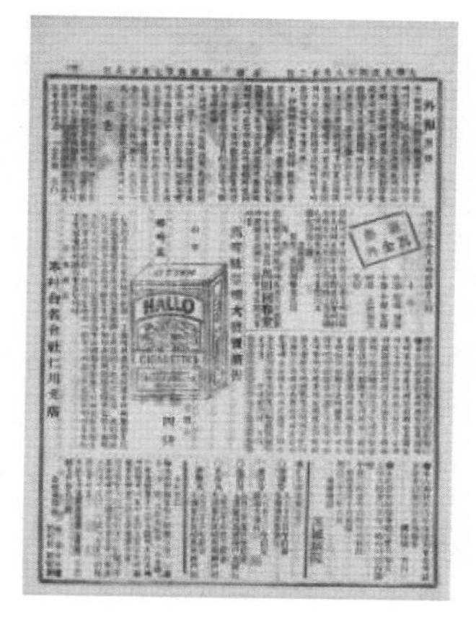

[그림 2] 「俄國內相訓示」, 『황성신문』, 1900.8.22.

이와 같이 '비평'이라는 어휘는 19세기 이전에는 물론 1890년대~1900년대에 이르는 근대 초기에도 일상적이고 사회적인 어휘로 통용되고 있었으며, 그 의미는 사회 문화적 상황이나 정치 등 인간과 세계를 이해하고 가치를 평가하는 행위로 소통되었다.

2) 비평의 근대적 분화와 문예 양식으로서 비평

보편적이고 일상적인 판단 행위로서 비평이 특정한 글쓰기 방식이자 독립적인 문예 양식(genre, mode)으로 인식되기 시작한 계기를 마련한 것은 이광수로 알려져 있다. 널리 알려져 있듯 「문학이란 何오」(『매일신보』, 1916. 11.10-12.13)에서 이광수는 당대에 통용되고 있는 문학이 서양어 '리터러처(literature)'에 담긴 어의(語義)를 번역한 것이라고 주장하며 '리터러처'와 인간의 감정을 연결시킨다. 그리고 '문학'의 개념에 대한 정의와 갈래의 구분을 통해 '비평' 혹은 '평론'을 문학의 하위 범주로 규정한다.

> [5] 근대에 新成한 一體가 有하니, 즉 所謂 批評文 又는 評論文이다. 人이 文學的作品, 즉 論文이나 小說, 詩, 劇 等에 表現된 主旨를 自家의 頭腦中에 一旦 溶入 更히 自家의 論文으로 發表함을 爲함이니, 現代 文學界의 一半을 占하니라(이광수, 「문학이란 何오」, 『매일신보』, 1916. 11.10-12.13, 『이광수전집』, 삼중당, 1962, 513~515쪽)

이광수는 「문학이란 何오」의 '문학의 종류'에서 문학을 '운문 문학'과 '산문 문학'으로 구분하고 있으며 '산문 문학'을 다시 '소설, 극, 논문, 산문시' 등으로 구분한다. 여기서 '논문'의 두 번째 형식으로 '비평'을 제시한 후 근대에 '新成한' 장르로 설명하고 있다. 이광수의 설명을 요약해 보면 첫째, '批評文(評論文)'은 근대에 새롭게 등장한 글쓰기이다. 둘째, '비평문'은 논문이나 소설, 시, 극을 일차 텍스트로 삼아 탄생되는 이차 텍스트이다. 셋째, 비평문은 현대 문학의 하위 범주이다. 넷째 비평문은 다른 문학 텍스트에 표현된 주지(主旨)를 대상으로 하는 글이다. 비평을 근대적 글쓰기나 문학의 특정 하위 장르로 이해하는 방식은 서양의 근대 문학을 설명하는 대부분의 문학 개론서류나 문학사 등에서 쉽게 목도할 수 있는 방식이다. 예컨대 르네 웰렉(Wellek, Rene)이나 레이몬드 윌리엄즈(Williams, Raymond)와 같은 문학 이론가들은 비평 행위의 기원을 18세기 영국의 사회 문화적 환경에서 찾고 있으며 그 계기를 후원자로부터 경제적으로 독립한 비평가들의 출현으로 본다.[18] 르네 웰렉은 18세기 유럽 자본주의의 발달에 따라 독서 시장이 형성되면서 급증한 독서물에 대하여 신뢰할 만한 설명과 평가가 필요하게 되었으며 이에 따라 전문적이고 독립적인 비평 행위가 근대 사회 현상의 하나로 출현하게 되었다고 본다.[19] 비평을 근대의 새로운 문학 갈래로 인식했던 이광수는 근대적인 문학장의 형성 속에서 비평을 독립적이고 사회적인 문학 행위로 이해했다.[20]

전문적인 문학 행위로서 비평에 대한 이해는 비평의 역할에 대한 논쟁을 촉발하면서 보다 심화되었다. 다음은 그 중 하나로서 김동인과 염상섭이 벌인 비평가의 역할 논쟁의 일부이다.[21]

> 6 批評은 民衆을 指導합니다. 感想力이 不足한 民衆에게 感想法을 가르치는 것-이것이 批評의 職責이요, 批評의 存在할 必要입니다. 그러면, 批評家는 가장 深重한 態度로 作品에 接ᄒᆞ여, 모든 缺點選點을 가르치지 아느면 안됩니다.(김동인, 「비평에 대하

18) 르네 웰렉(Wellek, Rene)의 고전적 비평서인 『*A history of Modern Criticism 1750~1950*』 제1권에서 비평의 근대적 기원에 대한 질문을 던지고 그 답을 18세기 영국, 프랑스 등 유럽의 자본주의와 근대 혁명에서 찾고 있다.

19) 비평을 근대의 신생 장르로 이해했던 이광수의 시각은 근대 문화, 문명의 수입과 번역에 기민하게 대처했던 일본의 영향과 무관하지 않다. 특히 전통적인 문학과 결별하고 근대인의 정서와 감각에 걸맞은 새로운 문학 개념을 정초하고자 했던 이광수의 입장에서 보자면 비평 역시 문학이나 문화와 마찬가지로 근대적으로 새롭게 구성하고 창출해야 했던 개념이었을지도 모른다. 그리고 이런 관점에서 보자면 적어도 비평은 근대에 새롭게 등장한 문학 장르인 셈이다.

20) 이광수는 소설은 근대적 개인의 '감정'을 바탕으로 '同情(sympathy)'의 전략으로, 비평은 근대적 개인의 '이성'에 입각하여 '비판'의 전략을 구사하는 글쓰기로 이해했다. 그에게 비평은 사회적 행위이자 실천적 행위였다.

21) 이른바 김동인과 염상섭의 비평 논쟁은 당시 문학장 속에서 매우 복잡한 맥락을 지니고 있다. 이들의 비평 논쟁 전모는 이 글의 맥락을 벗어나는 것이므로 여기서는 비평의 의미와 역할에 대해서만 주목하기로 한다.

여」, 『창조』9, 1921, 54쪽)

7 왜 그러냐 하면 사람은 늘 自己를 보담 더 낫게 보이랴는 本能이 잇기 때문에 함으로 나는 늘 作의 優劣을 批判키 前에 그 動機를 藝術家의 良心에 빗처 보는 것이다.(염상섭, 「余의 評者的價値를 論함에 答함」, 『동아일보』, 1920.5.31.)

[그림 3] 염상섭, 「余의 評者的價値를 論함에 答함」, 『동아일보』, 1920.5.31.

6을 통해서 김동인은 민중 및 당대의 독자들이 작품을 올바르게 감상하지 못하고 있다고 여겨 비평의 의의는 민중에게 작품 감상법을 지도하는 것이라고 주장한다. 그는 비평가에게 가장 중요한 것은 작품을 감상하는 태도라고 인식하고 있는 것이다. 같은 글에서 한 작품을 비평하려는 비평가는 그 작품의 "작자와 같은 기분 아래 자기를 두고, 그 작품을 觀"해야 한다, 즉 '마음의 눈'으로 작품을 보아야 한다고 강조한다. 김동인은 예술 작품을 평가하기 위해서는 그 작품을 창작하는 자의 기분과 창작 방법을 깊이 있게 고려해야 한다는 점을 강조하고 있다. 김동인의 이러한 관점은 한 작품의 예술적 가치를 비평하는 태도는 사회나 문명을 비판하는 방식과는 다른 성격을 지녀야 한다고 생각했다. 반면 염상섭은 비평 행위를 비평 활동을 행하는 주체의 자율적 판단으로서 이해했다. 7의 앞부분에서 염상섭은 "오즉 진리에 살겠다는 예술가로서의 양심에 빗최여서 논평"해야 한다고 강조한다. 즉 가치 판단의 근거를 바깥의 도덕, 혹은 여론이 아니라 비평 주체의 내부에서 찾았던 것이다. 1920년대 초반, 비평 혹은 비평가의 역할에 대해 김동인은 작품의 올바른 감상으로서, 염상섭은 작품의 우열 판단으로서 비평을 강조했다.[22] 작품에 대한 올바른 감상과 해설인가 아니면 비평 주체의 가치 판단인가 등 비평에 관한 명백한 입장 차이는 비평에서 해석과 가치 판단이 밀접한 핵심적인 자질이라는 사실을 방증하는 것이기도 하다.

이상과 같이 1920년대 전후 근대적 문예 양식으로 비평을 인식하고 수용하기 이전에 소통되었던 '비평'의 개념을 고찰하였다. 정리해 보면 다음과 같다. 첫째, 근대 초기까지 일정한 영역이나 범주를 제한하지 않고 보편적 언어 행위로 실행되었다. 둘째, 비평을 텍스트에 대한 감상이나 해석 정도로 이해하지 않고 권이나 점 등의 일정한 표지를 부가하여 텍스트의 가치를 가리어 밝히는 행위로 이해했다. 셋째, 이러한 장치는 텍스트를 분석하거나 해석한 뒤 가치 평가의 근거를 텍스트를 통해 확인하고자 하는 시도이자 주체적이고 객관적인 비평을 위한 의지의 표현이라고 할 수 있다. 넷째, 비평 과정에서 텍스트의 생산 맥락과 수용 맥락을 서로 조회하며 텍스트를 통한 소통을 강조해 왔다는 점 역시 특기할 사실이다. 요약하면

22) 이에 대해 김영민은 김동인이 '해설가로서의 비평가'를 부각시켰다면 염상섭은 '판단자로서의 비평가'를 강조했다고 요약한 바 있다(김영민, 1997:37). 아울러 비평이 문예 비평으로 그 의미를 강화해 가는 맥락에 대한 최근의 논의로 강용훈(2013)을 참조할 수 있으며 위 두 인용문은 강용훈(2013)에서 재인용했음을 밝힌다. 이 연구는 근대적인 글쓰기이자 문예 장르로서 비평이 정립되어 온 흐름과 양상을 실증적으로 검토하고 있다.

근대 이전 일차적 텍스트에 대한 임의적인 이차적 행위로서가 아니라 텍스트를 인식하고 평가하는 일정한 규범과 방식을 정교화하며 맥락적이고 소통적인 행위로서 통용되어 온 비평은 1920년대를 전후하여 격렬한 비평 논쟁들을 촉발하며 근대적 문예 양식으로서 제도화되기에 이르렀다.

이상에서와 같이 비평의 역사적 용례에 주목한 까닭은 하나의 어휘가 소통되는 의미와 방식을 통해 사회적, 학문적 담론의 흐름을 파악할 수 있을 뿐만 아니라 하나의 개념을 추동하는 사회 문화적 관점과 역학을 확인할 수 있기 때문이다. 어휘로서 '비평' 역시 지속적이고 일반적인 의미로 통용되는 것처럼 보이지만 사회 문화적 맥락과 관점에 따라 미세한 균열과 진동이 진행되어 온 것이다. 비평은 단일하고 견고한 의미로 지속되어 소통되어 온 것이 아니다. 레이몬드 윌리엄스 식으로 이해하면 언어는 여타의 사회적 제도와 마찬가지로 다기한 종류의 변화나 관심, 역학적 관계 속에서 변화하는 구성적 산물인 셈이다. 비평의 용례를 고찰한 것은 언어를 단순히 자의적 기호가 아니라 가변적이고 역동적인 사회적 관계를 드러내는 '구성적 행위(constitutive activity)'(Williams, Raymond, 2013)로서 인식하기 때문이다. 특히 사회 문화적, 역사적 맥락 속에서 '비평'의 용례가 보여주는 성격, 이를테면 비평의 가치 평가적 성격은 물론 일상적, 관계적, 실천적 성격 등은 비평의 교육적 정체성과 정당성을 모색하려는 이 연구가 주목해야 할 부분이다.

제 3 장

학교 교육의 장과 비평의 위상

학교 교육의 장과 비평의 위상

1. 비평에 대한 국어 교육의 인식

학교 국어 교육장에서 비평 교육이 어떻게 실행되어 왔는가는 두 가지 관점으로 살필 수 있다. 첫째, 국어 교육이 비평을 어떻게 인식해 왔는가, 즉 비평에 대한 국어과의 인식의 문제이다. 먼저, 국어과가 공식적으로 비평을 수용하기 시작한 초기 모습을 살펴보면, 1946년 '교수요목기'에서는 '중학교 교수요목 : (三) 교수 사항'을 통해 "국어의 익힘, 풀기, 감상, 비평, 받아쓰기 등을 시켜 국가의식을 높이고, 도의와 식견을 밝히고 실천 근로 문예 등을 즐기고, 심신을 건전하게 하여, 큼직한 국민의 자질을 기름"('읽기')과 "현대어를 위주하여 감정 의사를 익달하게 들어내어, 여러 가지 글을 짓게 하고, 사상 체험의 정확 자유한 표현을 하도록 지도하고, 또 첨삭 비평의 능력을 기름"('짓기')에서 '비평'을 명시했다.[1] 이어 1963년 공포된 2

1) '중학교 교수요목(三) 교수 사항'에서 '국어의 익힘, 풀기, 감상, 비평, 받아쓰기 등을 시켜 국가의식을 높이고, 도의와 식견을 밝히고 실천 근로 문예 등을 즐기고, 심신을

차 중학교 국어과 교육과정에서 "방송 프로그램의 편성을 할 줄 알고 영화나 극을 비평할 수 있도록 한다"('듣기')로서 영화나 극을 일차 텍스트로 전제하여 비평을 제시했다.[2] 이 시기 국어 교육은 비평을 읽기, 짓기, 듣기 등 국어사용과 관련된 언어 행위로 이해하고 일상의 언어생활을 주체적으로 수행하는 데 필요한 행위로 수용하고 있다. '첨삭 비평'의 의미에 대해서 구체적으로 설명하고 있지는 않지만 '사상이나 체험에 대한 정확하고 자유로운 언어 표현과 그에 대한 옳고 그름의 여부'를 평가하는 능력의 중요성을 비평을 통해 신장하고자 했던 의지가 읽힌다. 현대적 관점에서 국어과를 제도화하던 무렵 읽기와 듣기, 짓기 등 국어 활동의 성격으로 강조했던 비평을 문학 교육과 돈독한 관계로 구축하기 시작한 것은 대략 4차 교육과정부터이다.

❶ 문학 작품에 대한 비평에 흥미를 느낀다.(고등학교 교육과정(문학), 문교부 고시 제442호, 1981. 12.31. 제정 고시)

❷ 문학 작품에 대한 비평을 읽고, 작품 감상력을 기른다.(고등학교 교육과정(나. 내용 <문학>), 문교부 고시 제88-7호, 1988. 3.31. 제정 고시)

건전하게 하여, 큼직한 국민의 자질을 기름'(읽기), '현대어를 위주하여 감정 의사를 익달하게 들어내어, 여러 가지 글을 짓게 하고, 사상 체험의 정확 자유한 표현을 하도록 지도하고, 또 첨삭 비평의 능력을 기름'(쓰기)에서 '비평'을 내용으로 수용하고 있다(1946년 교수요목기 '국어').

2) (듣기) 방송 프로그램의 편성을 할 줄 알고 영화나 극을 비평할 수 있도록 한다(제2차 국어과 교육과정).

4차 국어과 교육과정은 '국어 I'의 목표에서 "문학이 문화 유산임을 알고, 문학에 관한 체계적인 지식을 가지고 작품의 가치를 평가하며 인간의 내면 세계를 이해하게 한다"라고 명시했다. 이를 통해 문학을 문화유산으로 인식하고 문학에 관한 지식을 습득하고(문학 지식의 습득), 작품의 가치를 평가하며(문학 작품의 가치 평가), 인간의 내면 세계에 대한 이해를 강조한 것이다. 이어서 ❶과 같이 '문학 작품에 대한 비평에 흥미를 느낀다'는 내용을 하위에 설정하여 비평을 종전의 국어사용 영역이 아닌 문학 영역과 밀착시키고, '작품의 이해와 감상'((2) 평가_(다) 문학)을 지원하는 텍스트의 성격으로 수용했다.[3)]

비평의 수용 과정에서 5차 국어과 교육과정은 주목할 필요가 있다. 우선 5차 교육과정은 '문학 작품의 이해와 감상'의 내용으로 "2) 문학 작품을 여러 가지 관점에서 이해하고 감상한다"를 선정했다. 그리고 '작가'((1) 문학 작품의 의미는 인생관과 세계관의 표명임을 알고, 인생에 대한 작가의 관점이 작품 속에서 어떻게 형상화되고 있는지 파악한다) '세계'(문학 작품을 당시 사람들의 역사적 삶과 관련지어 이해한다), '작품 자체 구조'(문학 작품을 이루는 여러 기본 요소들의 기능을 이해하고 작품 속에서 이들 요소들의 유기적 관계를 파악한다(5) 문학 작품에 내재하고 있는 미적 구조를 파악한다(6)) 등의 요소로 설정하여 작품을 해석하고 감상하는 관점을 제시하는 것으로 비평 교육을 구체화했기 때문이다. 4차 교육과정

3) 특히 문학 작품의 가치를 평가하는 기준으로 문학에 관한 체계적인 지식을 전제하여 문학에 관한 인지적 관점을 강화했다. 4차 국어과 교육과정은 인지적 관점에 토대를 둔 분석주의 패러다임이 전면화하여 문학의 학문화, 지식화 경향이 강해졌으며 이러한 경향은 이후 교육과정에 지속적인 영향을 끼쳤다.

이 '비평에 흥미를 느끼거나' '작품의 이해와 감상을 지원하는 텍스트' 정도로 비평 교육을 실행했던 것에서 나아가 비평의 네 가지 방식을 구체화함으로써 비평 교육의 윤곽을 마련했던 것이다. 또한 4차에서 제시한 비평에 대한 텍스트적 관점을 '문학 작품에 대한 비평을 읽고'라는 내용을 통해 읽기 텍스트로 구체화하여 인식한 것도 5차에서 주목할 부분이다. 그러나 비평을 도식적으로 접근하고 읽기 텍스트의 일종으로 한정함으로써 비평의 교육적 의의와 역할이 오히려 축소되었다는 사실도 간과하기 어렵다. 그럼에도 불구하고, 비평 교육의 관점에서 이 교육과정을 다시 읽을 필요가 있는 까닭은 '작품과 비평 읽기'를 '창조적 체험'으로 이해하고 비평 읽기를 '미적 감수성'을 함양하는 활동으로 인식하기 시작했기 때문이다. 비평 읽기를 학습자의 창조적이고 미적인 체험으로 이해했다는 것은 작품을 해석하고 가치를 평가하는 과정을 학습자가 경험하는 내적인 변화에 주목했다는 것이다. 이러한 주목은 작품의 생산 측면에 관심을 경주해 왔던 문학 교육이 작품의 감상이나 학습자, 체험 등 문학의 수용을 인식했다는 점에서 그리고 이러한 인식을 미학적 이론의 관점에서 정당화하려고 했다는 점에서 고무적인 변화로 볼 수 있다.

비평에 대한 텍스트적 관점은 2007 국어과 교육과정에서 좀더 강화되었다. 문학 교육에서 다루어야 할 텍스트 중에서 이전의 '수필(7차)'을 '수필 · 비평'으로 확대하여 '비평'을 '작품의 수준과 범위'의 전면에 제시했고, '내용 체계'에서도 '수용과 생산' 범주에서 '비평'을 제시하여 '내용 이해-감상과 비평-작품의 창조적 재구성-작품 창작'으로서 비평의 위상을 강화하려 했다. 뿐만 아니라 그동안 문학 교육과 밀착되었던 비평을 '읽기'와 '쓰기' 등 국어 사용 영역에서 호출했을 뿐만 아니라 영역별로 다양한 비평 텍스트('시사평론(읽기(8)), 촌평(읽기(9)), 평론(읽기(10)), 서평(쓰기(9)), 시평(쓰기(10)), 비평문(쓰기(10)) 등)'를 제시하여 비평의 범주를 확대했다는 점도 주목을 요한다. 4차 교육과정 이래 문학과 연대했던 비평을 국어과의 다른 영역으로 확산시켰을 뿐만 아니라 시사(時事評論)나 당대(時評), 책(書評)이나 영화, 방송 등(評論, 批評文) 인간과 세계를 대상으로 하는 삶 전반을 비평의 관점에서 폭넓게 포섭했다는 사실 역시 긍정적인 측면이다. 그러나 2007 국어과 교육과정은 '내용 체계'의 범주에서는 활동으로, 그리고 '작품의 수준과 범위'에서는 개별 텍스트로서 인식하고 있다는 점에서 비평의 교육적 성격이 명확하지 않다. 뿐만 아니라 교육과정에서 제시한 바와 같이 '다양한 비평문'을 통해 비평을 교육하는 것은 비평의 정형화된 예범(例範)을 학습할 수 있다는 점에서 적절해 보이지만 해석과 판단의 과정에 주체적으로 참여하기 어렵다는 문제를 해결해야 할 필요도 있다.

비평문 교육과 비평 활동 교육의 혼재는 2007 국어과 교육과정에서 2011 국어과 교육과정으로 개정되는 과정에서 명확히 해결되지 않은 채로 다시 2015 개정 국어과 교육과정으로 넘어갔다. 일례로, 2011 개정 국어과 교육과정의 경우 아래 '내용 체계'에서 알 수 있듯이, '실제' 범주에서 '다양한 갈래의 문학'을 통해 '비평'을 '갈래'로 제시한 반면에 '수용과 생산' 범주에서는 '작품 비평과 소통'이라는 활동으로 제시했다.

<table>
<tr><th colspan="3">실제</th></tr>
<tr><td colspan="3">• 다양한 갈래의 문학
-시(시가), 소설(이야기), 극, 수필, 비평
• 다양한 매체와 문학</td></tr>
<tr><th>지식</th><th>수용과 생산</th><th>태도</th></tr>
<tr><td>• 문학의 본질과 속성
• 문학의 갈래
• 문학 작품의 맥락</td><td>• 작품 이해와 해석
• 작품 감상
• 작품 비평과 소통
• 작품 창작</td><td>• 문학의 가치와 중요성
• 문학에 대한 흥미
• 문학의 생활화</td></tr>
</table>

물론 '수용과 생산'의 대상이 작품이고, 그 작품을 '시(시가), 소설(이야기), 극, 수필, 비평'으로 제시하고 있는 것은 작품 비평과 소통의 대상으로 '비평'을 설정할 수 있다는 점에서 메타 비평의 교육적 가능성을 염두에 둘 수도 있다. 다시 말해, 개별적인 비평문을 통해 비평 활동을 교육 내용으로 실행할 수도 있겠지만 이럴 경우, '수용과 생산' 범주의 하위 요소인 '작품 이해와 해석-작품 감상-작품 비평과 소통'의 활동이 연계되어 실행될 수 있을지 의문이다. 비평에 대한 혼란스러운 양상은 성취기준에서도 지속되었다. 가령, 중학교 1~3학년군의 '문학' 영역에서 비평 교육은 비평문 활용의 수준에서 성취기준 (3)과 (8)과 연관되고 있다.

(3) 다양한 관점과 방법으로 작품을 해석한다.

작품에 대한 해석은 독자의 인식 수준, 경험, 가치관 등에 따라 달라질 수 있으며, 작품 해석 방법에 따라 달라질 수도 있다. 이를 위해 같은 작품에 대한 여러 해석을 비교하고, 어떤 근거를 들어 타당성을 확보하고 있는지 살펴보는 과정을 거칠 필요가 있다. 작품에 대한 다양한 해석의 예를 제시하기 위해 작품 해석의 근거가 분명하게 드러나 있는 비평문을 활용할 수도 있다. 한 편의 작품에 대해 다양한 관점과 방법으로 작품을 스스로 해석하되, 근거를 들어 작품을 해석할 수 있도록 한다.

(8) 자신의 주체적인 관점에서 작품을 평가한다.

독자가 자신의 주체적인 관점에서 작품을 해석하고 평가할 수 있도록 한다. 이때 자신의 생각을 무조건 내세우기보다는 적절한 근거를 들면서 해석하고 평가하는 활동을 강조한다. 또한 다른 사람의 생각도 존중하는 가운데 자신의 해석과 평가를 설득력 있게 표현하도록 지도한다. 작품에 대한 글쓴이의 주체적인 평가가 분명하게 드러난 비평문을 활용할 수도 있으며, 평소에도 자신의 관점에서 작품을 평가하는 태도를 지니도록 지도한다(2011 국어과 교육과정 '중학교 1~3학년군' '문학' 영역 '내용 성취 기준' 중 일부).

사실, 2011 국어과 교육과정은 비평 교육에 대해서 2007 국어과 교육과정에 비해서 소극적인 태도를 보였다. 적어도 2007 국어과 교육과정은 비평 교육에 대한 국어 교육의 의지를 보이고 있기 때문이다.

(4) 문학 작품에 대한 비평적 안목을 갖춘다.

ㅇ비평은 작품에 대한 주체적인 판단임을 이해하기

ㅇ작품에 대한 판단의 근거 마련하기

○ 적절한 근거를 제시하면서 비평문 쓰기(2007 국어과 교육과정 '문학', 67쪽)

2007 국어과 교육과정에서는 '문학' 10학년 성취기준 '(4) 문학 작품에 대한 비평적 안목을 갖춘다'의 '내용 요소의 예'를 통해서 '작품에 대한 주체적인 판단'이라는 의미로 '비평'에 대한 관점을 제시하고 있다. 비평에 대한 개념을 내용 요소로 제시한 후 연계되는 활동과 작품에 대한 판단의 근거를 마련하는 활동과 비평문 쓰기를 활동으로 제시함으로써 이후의 2011 교육과정은 물론 2015 개정 국어과 교육과정에 비해서 체계적이고 논리적인 관점에서 비평의 지위를 설정했다고 점에서 주목할 가치가 있다. 교육과정을 개정할 때마다 국어 교육이 비평을 수용하는 방법이나 양상을 달리 하고 있다는 것은 비평 교육에 대한 학문적이고 교육적인 요구를 시의적으로 반영한 결과라고 할 수 있다. 그러나 교육과정 간에 혹은 동일한 교육과정 내에서 비평 교육에 대한 서로 다른 관점과 양상을 보이는 것은 비평의 교육적 정당성에 대한 국어 교육의 요구나 합의가 부족했던 것은 아닌지 자문할 필요가 있다.

2. 비평 도식의 수용과 고착

국어과가 비평을 수용해 온 과정에서 볼 수 있는 두 번째 문제는 비평 구도의 수용과 관련된 것이다. 국어과에서 작품・작가・독자・세계 등의 요소를 가지고 비평 구도를 설정하여 제시한 것은 4

차 교육과정 무렵부터이다. 현재 문학 교육에서 애용하는 비평 관점이나 방법은 이른바 에이브럼즈 비평 이론에 근거한 문학 작품에 접근하는 네 가지 관점이 대표적이다. 에이브럼즈 이론을 수용하여 작품과 작가, 독자, 세계의 관계(혹은 구조론, 표현론, 효용론, 반영론)을 파악하여 작품을 해석하고 평가하는 틀로 활용해 왔다. 에이브럼즈 비평 이론은 한국의 문학 교육 현장에서 꾸준한 사랑을 받으며 비평 이론에서 정전의 위상을 구축해 왔다(문영진, 2007:388).

이 비평 도식은 에이브럼즈가 자신의 저서 『거울과 등불』의 서론 「비평적 이론들의 좌표」에서 네 가지 요소를 중심으로 문학 이론의 좌표를 설정한 데서 비롯되었다. 문학 현상을 설명하는 기본 개념들로 작품(work)과 작품을 중심으로 세계 혹은 우주(uiverse), 독자 혹은 청중(audience), 시인 혹은 예술가(artist)를 세 꼭짓점으로 제시하여 고대 아리스토텔레스 이래의 서양의 중심 문학 이론들을 명료하게 설명했다. 에이브럼즈의 네 요소에 근거한 네 가지 방법적 이론은 그 자신도 시사했듯이 아리스토텔레스가 하나의 사물이 창조되기 위해서는 質料因(causamaterialis), 目的因(causa finalis), 始動因(causa efficiens), 形象因(causa formalis)이라는 네 가지 원인이 있어야 한다고 주장한 데 기인한다. 에이브럼즈의 예술의 소재이자 모방 대상인 세계나 우주, 예술이 궁극적으로 영향을 주는 대상인 청중, 작품의 시인이나 예술가, 그리고 작품 등은 아리스토텔레스의 네 가지 원인에 대응하는 개념이다. 에이브럼즈는 네 요소를 작품을 중심으로 하는 삼각형의 도식으로 표시하여 우주와 작품의 관계에서 '모방론', 작품과 청중의 관점에서 '효용론', 예술가와 작품의 관계에서 '표현론', 작품 자체의 관점에서 '존재론' 등의 네 가지 문학론으로 유형화했다. 에이브럼즈의 유형론은 널리 받아들여져 영미 비평의 표준 이론으로 정착되었다. 여기에는 에이브럼즈 이론이 기존의 신비평의 도식적이고 객관적인 성격을 넘어서 역사, 철학, 문학 등의 상호 관련성과 이 관련성이 문학 작품 해석이나 작품 창작에 대하여 미치는 밀접한 관계에 주목하고 있다는 데 있다.

에이브럼즈 이론을 우리나라에 본격적으로 소개한 이상섭(1972)는 『문학 이론의 역사적 전개』에서 에이브럼즈의 문예 비평 이론을 따라서 문학론의 근본 체계를 모방론, 효용론, 표현론, 존재론으로 나누어 상세하게 기술했다. 그리고 이 이론은 5차 국어과 교육과정의 문학 교과서(고등학교)의 'Ⅱ. 문학 작품을 어떻게 이해할 것인가'에서 비평 교육 이론으로 등장했다.[4]

대단원 및 소단원 제목	단원별 학습 목표
Ⅱ. 문학 작품을 어떻게 이해할 것인가	문학 작품을 바라보는 시각(視覺)이 다양하게 존재할 수 있음을 인식하고, 실제 예시(例示)를 통해 다양한 작품 해석의 방법에 대한 기초적인 지식을 갖추도록 한다. 이를 바탕으로 작품에 대한 실제적인 분석 능력을 갖게 하며, 나아가 개성적이면서도 건전한 가치관에 입각하여 작품을 이해하는 태도를 기른다.
1. 문학 작품을 보는 관점(觀點)	'문학을 올바르게 이해하는 안목을 기른다', '문학 작품 해석에 다양한 가능성이 있음을 이해한다', '문학을 보는 관점의 다양성과 그 장단점을 이해한다.

4) 김윤식 · 김종철(1989), 『고등학교 문학』, 한샘, 57-84쪽.

2. 표현론적 (表現論的) 관점	표현론적 관점의 방법과 그 장단점을 이해한다. 문학이 가치 있는 경험의 표현이라는 정의와 표현론적 관점의 관계에 대해 안다.
3. 반영론적 (反映論的) 관점	작품을 현실(세계)의 반영으로 볼 수 있는 근거를 안다. 반영론적 관점의 방법과 그 장단점을 이해한다.
4. 효용론적 (效用論的) 관점	효용론적 관점의 장단점을 안다. 심미적 쾌감을 통한 문학의 교육적 기능과 효용론적 관점의 관계를 이해한다.

이 대단원은 소단원 (1)에서 '작품 이해의 실제적 방법'으로 "작품을 외부 세계(외부 世界), 저자(著者), 또는 독자(讀者)에 연결시켜 볼 것인가, 아니면 작품 그 자체를 독립된 존재로 볼 것인가라는 두 가지로 크게 나누어진다"라고 제시하고 있다. 사실 문학 작품을 외부 세계와 작품 자체의 두 가지로 구분하여 접근하는 관점은 르네 웰렉 등의 신비평가들이 애용해 온 방식이다. 르네 웰렉은 『문학의 이론』에서 문학 연구의 태도를 비본질적 태도와 본질적 태도로 구분해서 연구할 필요를 제기했다. 전자에서는 전기(傳記), 심리학(心理學), 사회(社會), 관념(觀念), 예술(藝術)이 문학과 맺는 관계를 통해 "작가의 생애와 작가의 사회 환경 및 문학이 산출되는 전체 과정"(213쪽)을 강조하고 후자를 통해서는 '문학 작품 그 자체의 분석과 해석'이 중요하다는 관점 아래 문학 작품의 내재적 요소들에 집중하여 문학 연구를 해야 한다는 것을 강조했다. 작가나 현실 등은 문학 연구에서 '비본질적인 재단되고 있으며 그 의의 역시 본질적 연구를 위한 토

대의 성격을 지닌다는 것이다. 이러한 방식은 이후 우리나라의 문학 연구의 중심적인 방법으로 채택되었다. 예컨대 구인환·구창환의 『문학개론』(1976)만 보더라도 문학 연구의 관점을 '비본질적 요건'과 '본질적 요건'으로 구분하고 있다. 시, 소설, 희곡, 수필, 문학평론 등 문학의 개별 장르 연구에서도 각 장르의 내재적 구성 요소 중심으로 장르 연구를 실행했다. 신비평적 연구에 저항하여 문학에 대한 총체적인 접근을 강조한 에이브럼즈 이론을 수용하면서도 한편으로는 네 가지 관점을 다시 내재적·외재적 관점으로 구분하는 르네 웰렉의 신비평적 관점으로 수렴하는 방식이 일반화되어 있다.

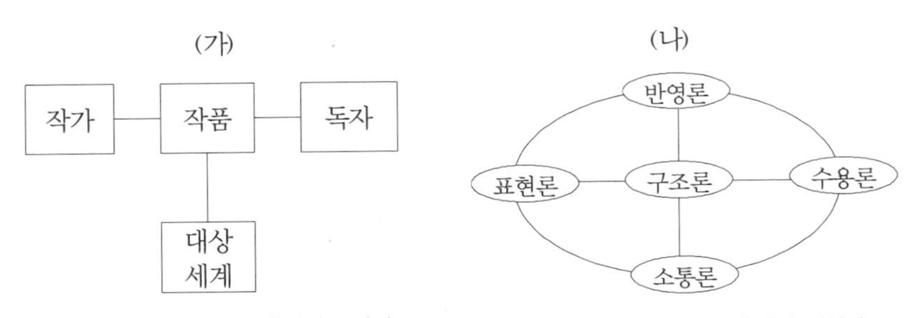

[그림 4] 제5차 국어과 교육과정 교과서

[그림 5] 제7차 국어과 교육과정 해설서

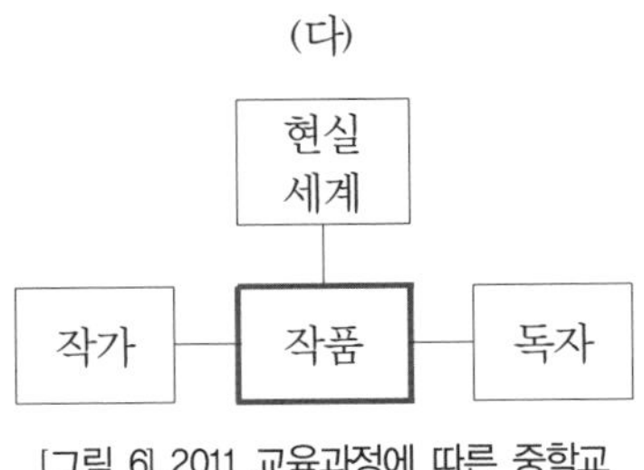

[그림 6] 2011 교육과정에 따른 중학교 국어 교과서(각주5) 참조

위 세 그림은 문학 교육이 에이브럼즈 비평 좌표를 수용해 온 모습의 일부이다. 이러한 도식들은 5차 문학 교과서에 수록된((가)) 이후 교육과정이나 교과서에 빈번하게 등장하며 문학 작품을 이해하고 감상하는 방법적 틀로 정착되었다. (가)의 교과서는 "작품, 작가, 독자, 대상의 네 요소가 서로 관련을 맺으며 작품을 이해하는 것이 궁극적 목적이므로 작품을 중심으로 관계를 재정리"하여 위와 같이 제시한 후 이후 세 개의 독립된 단원에서 표현론, 반영론, 효용론을 상술하고 있다.

(나)는 이 도식이 제7차 국어과 교육과정 해설서(고등학교)에서 '문학의 이론적 범주'라는 제목으로 제시된 모습이고, 같은 시기 중학교 해설서에서는 이 네 가지를 "문학을 설명하는 방법"으로 지칭하고 각각 '작가'의 측면, '작품'의 측면, '읽는 이'의 측면, '반영론'의 측면으로 소개하고 있기도 하다. '작가-작품-읽는 이-반영론' 등으로 지칭하는 용어의 범주와 층위가 다소 상이하기는(사실, 앞의 세 가지와 '반영론'이 같은 기준으로 제시될 수 있는 것인지 의문스럽다) 하지만 같은 시기 교육과정에서 문학을 설명하는 방법이나 범주로 네 가지를 명시하는 방법에서는 유사한 모습을 보인다.

(다)는 현재 사용 중인 2011 국어 교과서(2011 교육과정에 의한)의 사례이다. 이 교과서는 '문학 작품을 해석하는 다양한 방법'에 관한 활동으로 위의 그림을 제시하고, 문학 작품 해석의 방법을 작품의 내적인 요소들에 초점을 두는 경우와 작가, 현실 세계, 독자 등 작품을 둘러싼 다른 요소들에 초점을 두는 경우로 나누고 있다. 이 도식은 도식 그대로든 아니면 설명적 진술의 형식으로든 문학 작품을

해석하는 방법론으로 정착되어 왔다.[5] 문학 교육에서 에이브럼즈를 직접적으로 표명했든 그렇지 않든 간에 문학교육의 장에서 문학 작품을 해석하고 감상하는 일차적인 기법 정도의 의미로서 문학교육을 제도적으로 경험한 이들에게는 매우 익숙한 그림인 것이다.

문제는 에이브럼즈 이론이 표방하는 문학 작품에 대한 다원적 접근이나 다양한 해석이 순조롭게 진행되고 있는가라는 점이다. 다시 말해 문학 비평 교육에서 관습적으로 차용되어 온 에이브럼즈의 비평 도식이 문학 비평 교육이 추구하는 학습자의 비평 능력 향상에 기여하고 있는가에 대해서 고민해 볼 필요가 있다. 일부 교과서에 해당할 수도 있겠지만 작품 해석의 관점 네 가지를 도식적으로 전달하고 학습자가 수용하도록 하는 방식이 적지 않게 배치되어 있기 때문이다. 이를 테면 다음과 같은 사례이다.

> 3. 다음 활동을 통해 작품을 해석하는 다양한 방법을 알아보자.
>
> (1) 학생들의 감상과 그에 해당하는 해석 방법을 연결해 보자.
>
> ㉠ 작품에 쓰인 표현 방식과 짜임을 중심으로 해석하는 방법
> ㉡ 교훈, 감동 등 작품이 독자에게 준 영향을 중심으로 해석하는 방법
> ㉢ 작품 속의 시대적, 사회적, 문화적 상황과 관련지어 해석하는 방법
> ㉣ 작가의 성향, 창작 의도나 심리를 중심으로 해석하는 방법

5) 2011 중학교 국어 교과서의 경우 '교학사, 대교, 두산동아, 비상교과서 2종, 비상교육, 지학사, 좋은책신사고' 등 8개 출판사가 에이브럼즈 도식을 그대로 제시(두산동아, 비상교과서, 비상교육, 좋은책신사고)하거나 도식 없이 설명으로 제시(대교, 천재(노미숙))하고 있다.

(2) 학생들의 해석 중 어느 것에 더 공감이 가는지 이유와 함께 말해 보자.

4. 이 시를 자신의 관점과 방법으로 해석하고 평가해 보자.
   (1) 3에서 자신의 관점에 맞는 해석 방법을 골라 보자.
   (2) 이 시를 타당한 근거를 들어서 해석해 보자.
   (3) 해석한 내용을 친구들과 바꾸어 보고 해석과 근거가 타당한지 평가해 보자.[6]

위와 같이 에이브럼즈 비평 도식은 주로 학습자의 감상 사례 네 가지를 먼저 제시하고 이어서 작품을 해석하는 네 가지 방법을 제시한 후 서로 연결하게 하는 활동, 네 가지 해석 중에서 자신의 관점에 맞는 해석 방법을 고른 후 그에 따라 해석해 보는 활동 등으로 펼쳐진다. 이러한 활동은 작품에 관계하는 요소들, 작가, 독자, 세계에 대해서 그리고 그에 따른 이론들인 표현론, 효용론, 반영론, 객관론을 구분하고 이해할 수 있도록 돕는다. 뿐만 아니라 작품에 대한 네 가지 접근 방식에 대해서도 명확하게 숙지할 수도 있다.

그러나 작품 감상에서 해당하는 근거를 찾고 그에 따른 관점을 연결하는 일련의 과정이 기계적으로 실행될 수 있으며 학습자가 자신의 시각에서 능동적으로 작품을 감상하기 보다는 주어진 네 가지 관점 중 어느 한 가지를 선택하여 기계적으로 적용하는 훈련만 거듭할 우려도 있다. 뿐만 아니라 네 가지 관점에 따른 해석과 감상을 명징하게 구분해 놓고 있어 문학 작품이 이들 요소가 상호 교섭하

6) 김태철 외(2012), 『중학교 국어③』, 비상교육 248-253쪽. 이와 같은 활동 사례는 전경원 외(2012), 『중학교 국어④』, 두산동아, 36-49쪽 등 여러 교과서에서 볼 수 있다.

며 문학 작품의 의미와 가치를 형성하고 있다는 사실도 쉽게 간과할 수 있다.

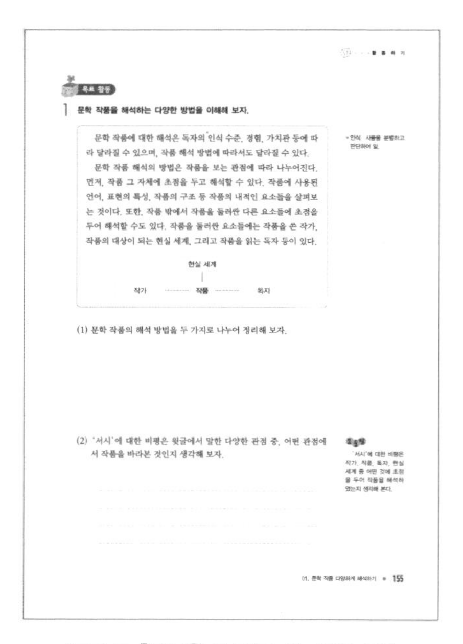

활동하기

목표 활동

1 문학 작품을 해석하는 다양한 방법을 이해해 보자.

문학 작품에 대한 해석은 독자의 인식 수준, 경험, 가치관 등에 따라 달라질 수 있으며, 작품 해석 방법에 따라서도 달라질 수 있다.

문학 작품 해석의 방법은 작품을 보는 관점에 따라 나누어진다. 먼저, 작품 그 자체에 초점을 두고 해석할 수 있다. 작품에 사용된 언어, 표현의 특성, 작품의 구조 등 작품의 내적인 요소들을 살펴보는 것이다. 또한, 작품 밖에서 작품을 둘러싼 다른 요소들에 초점을 두어 해석할 수도 있다. 작품을 둘러싼 요소들에는 작품을 쓴 작가, 작품의 대상이 되는 현실 세계, 그리고 작품을 읽는 독자 등이 있다.

• 인식: 사물을 분별하고 판단하여 앎.

(1) 문학 작품의 해석 방법을 두 가지로 나누어 정리해 보자.

(2) '서시'에 대한 비평은 윗글에서 말한 다양한 관점 중, 어떤 관점에서 작품을 바라본 것인지 생각해 보자.

'서시'에 대한 비평은 작가, 작품, 독자, 현실 세계 중 어떤 것에 초점을 두어 작품을 해석하였는지 생각해 본다.

01. 문학 작품 다양하게 해석하기 • 155

[그림 7] 『국어③』(이관규 외, 2013:155)

[그림 7]은 2011 교육과정에서 성취기준 '(3) 다양한 관점과 방법으로 작품을 해석한다'를 교과서로 구현한 내용의 일부이다.[7] 이 성

7) '(3) 다양한 관점과 방법으로 작품을 해석한다. 작품에 대한 해석은 독자의 인식 수준, 경험, 가치관 등에 따라 달라질 수 있으며, 작품 해석 방법에 따라 달라질 수도 있다. 이를 위해 같은 작품에 대한 여러 해석을 비교하고, 어떤 근거를 들어 타당성을 확보하고 있는지 살펴보는 과정을 거칠 필요가 있다. 작품에 대한 다양한 해석의 예를 제시하기 위해 작품 해석의 근거가 분명하게 드러나 있는 비평문을 활용할 수도 있다. 한 편의 작품에 대해 다양한 관점과 방법으로 작품을 스스로 해석하되, 근거를 들어 작품을 해석할 수 있도록 한다.' 자세한 내용은 교육과학기술부(2011), 『교육과학기술부 고시 제2011-361호[별책5] 국어과 교육과정』, 64쪽 참조.

취기준은 교육 내용에서 ① 독자의 인식 수준, 경험, 가치관 등과 작품 해석 방법에 따라 작품 해석이 달라질 수 있다는 점, 이를 위해 ② 같은 작품에 대한 여러 해석의 비교와 타당성 검토가 필요하다는 점을 제시하고 있다. 또한 ③ 작품에 대한 다양한 해석의 예를 제시하기 위해 작품 해석의 근거가 분명하게 드러나 있는 비평문을 활용할 수도 있으며, ④ 한 편의 작품에 대해 다양한 관점과 방법으로 작품을 스스로 해석하되, 근거를 들어 작품을 해석할 수 있도록 하는 것을 지향하고 있다는 사실을 강조하고 있다.

문제는 이와 같은 교육과정의 의도를 교과서로 구체화할 경우 그 의도가 충분히 성취되지 못하고 있다는 점이다. 가령, 이 단원은 '1. 문학 작품 다양하게 해석하기'라는 단원명 아래 '서시'와 ''서시'에 관한 비평' 두 제재로 구성되었다. [그림 7]은 제재 학습 이후의 목표 활동이다. 이 활동은 먼저 '문학 작품 해석의 방법'을 '작품 그 자체에 초점을 두고 해석'하는 경우와 '작품 밖에서 작품을 둘러싼 다른 요소들에 초점을 두어 해석'하는 경우를 설명한 뒤 이를 비평적 도식으로 시각화한 제시문을 보여준 뒤 '(1) 문학 작품의 해석 방법을 두 가지로 나누어 정리해 보자'와 '(2) '서시'에 대한 비평은 윗글에서 말한 다양한 관점 중, 어떤 관점에서 작품을 바라본 것인지 생각해 보자'라는 활동을 요구하고 있다.

이러한 활동의 선정은 작품 해석 방법에 따라 작품 해석이 달라질 수 있으며(①), 작품에 대한 여러 해석의 비교와 타당성 검토가 필요하다(②)는 교육과정의 의도를 구현하는 데는 큰 무리가 없어 보인다. 그러나 이어지는 활동인 '2. 다음 글을 읽고, '서시'에 대한 여러 해석을 비교해 보자'라고 다시 동일한 방법 4가지를 제시하고, 여기에서 '가장 공감되는 해석을 고르고, 그 이유를 말해보자'로 마무리하는 것은 활동 제시문에서 기술한 네 가지의 방법적 틀로 작품 해석의 방법을 제한할 우려가 있다. 나아가 '한 편의 작품에 대해 다양한 관점과 방법으로 작품을 스스로 해석'(③)하는 능력을 형성하기가 어려울 뿐만 아니라 물론 '작품에 대한 해석은 독자의 인식 수준, 경험, 가치관 등과 작품 해석 방법에 따라 작품 해석이 달라질 수 있다'(④)는 사실을 체득하는 것도 곤란할 수 있다.[8] 물론 교육과정의 제안처럼 다른 좋은 비평문을 통해 작품 해석과 평가의 전범을 가르치는 방법은 바람직할 수 있다. [그림 7]에서 확인할 수 있듯이 해석의 근거를 찾아 평가하는 행위가 기계적이고 도식적인 적용이나 분류로 그칠 우려가 있다는 점이 문제인 것이다.

에이브럼즈 비평 이론은 학습자들이 문학 작품이라는 대상의 전체적인 모습과 위상을 조망하게 할 수 있는 반면에 작품을 이루는 섬세한 미적 요소들을 인식하고 감상하기에는 포괄적일 수 있다는 점을 유의할 필요가 있다. 또한 모방론, 표현론, 존재론, 효용론 등 네 가지로 분류된 비평의 관점들이 한 작품 안에서 마치 독립적인 방식으로 존재하는 것처럼 인식될 우려도 있다. 그 결과 실제 문학론이나 비평에서 각 유형의 특징이 상호 교섭하는 복합성이나 역동성을 읽지 못하는 한계를 노출할 수 있으며 해석과 근거의 논리적인 타당성을 확보하는 데 급급하다 작품에 대한 주체적이고 미적인

8) 이 같은 문제는 비평 교육 관련 요소인 '자신의 주체적인 관점에서 작품을 평가'하도록 하는 성취기준 (8)에서도 유사하게 확인할 수 있다.

감상과 판단은 도외시할 우려도 부정하기 어렵다(오형엽, 2010:273).

주지하듯이 비평은 인간이 세계와 관계 맺는 방식에서 드러나지 않은 부분을 찾아내 해석하고 평가하여 그 가치를 읽어내는 일이다. 그런데 그간의 비평 교육은 작품 속에서 해석의 근거를 찾는 일에 집중해 왔다. 근거를 통한 해석의 궁극적 목적, 정교하고 다양한 해석을 바탕으로 작품의 새로운 가치를 평가하며 알게 되는 인식적, 정의적 즐거움에 대해서는 고려하지 않았던 것이다. 이와 같은 문제는 비평 교육에 대한 최근의 교육과정에서도 명확하게 해소되지 않았다.

> 중학교 1~3학년 문학 영역 성취기준은 작품을 수용하고 생산하는 과정에서 다양한 가치를 발견하고 이를 인간의 보편적인 삶과 관련지어 성찰하며 내면화하는 데 중점을 두어 설정하였다. 심미적 체험으로서 문학의 특성에 대한 이해를 바탕으로 하여 ㉮다양한 관점과 방법으로 작품을 해석하고 평가하며 자신의 일상적인 삶을 문학적으로 표현하는 능력을 기르는 데 주안점을 둔다.((5) 문학)

> [9국05-06] 이 성취기준은 작품에 반영된 과거의 삶과 오늘날의 삶을 서로 비교하면서 이해하고, 작품을 자신의 상황에 비추어 주체적으로 수용하는 능력을 기르기 위해 설정하였다. 가치는 시대나 배경이 되는 문화에 따라 다르게 평가될 수 있다. 시대에 따른 인식의 변화 속에서도 ㉯오늘날까지 변하지 않는 가치나 현대인의 관점에서 새롭게 평가될 수 있는 가치를 발견하고 통찰함으로써 인간의 삶의 보편성과 특수성에 대한

> 이해를 넓히도록 한다.((나) 성취기준 해설)(밑줄_인용자)
>
> ⑧ 다양한 해석을 비교하며 작품 감상하기를 지도할 때에는 ㉰작품에 대한 해석 방법이나 독자의 인식 수준, 관심, 경험, 가치관에 따라 다양한 해석과 평가가 가능함을 이해하도록 한다. ㉱같은 작품에 대한 여러 해석을 비교하고, 해석의 전제와 근거의 타당성을 파악하도록 하기 위해서는 해석의 근거가 분명하게 드러나 있는 비평문이나 학습자의 해석 활동의 결과물을 활용할 수 있다. ㉲작품을 해석하기 위해서는 먼저 작품을 읽고 그 내용을 정확하게 파악해야 한다. 이를 바탕으로 하여 학습자가 주체적인 관점에서 적절한 근거를 들어 해석하고 평가했는지를 점검해 보도록 한다.((다) 교수학습 방법 및 유의 사항) (밑줄_인용자)

인용한 부분은 '2015 국어과 교육과정(교육부 고시 제2015-74호[별책 5])' '문학' 영역에 관한 내용의 일부이다. 밑줄 친 ㉮~㉲에서 공통적으로 보이는 '다양한 해석이나 해석의 전제, 근거, 평가, 가치, 성찰 등'은 바로 비평의 개념이나 본질을 구성하는 요소들이다. 비록 비평이라는 개념을 직접적으로 명시하지는 않고 있지만 교육과정은 비평을 구성하는 요소들을 중심으로 문학 교육의 체계를 구성하고 있다.

그러나 문학 교육의 전반에 비평적 관점이 투영되어 있음에도 불구하고 문학 교육에서 비평은 문학을 수용하고 생산하는 과정의 하위 단계[9]나 텍스트를 감상하거나 해석하는 방법적 도구로서 비평문을 활용하는 인식에[10] 머물러 있을 뿐이다.

문제는 이러한 방식이 기계적으로 반복될 경우 일찍이 존 듀이(Dewey, John)가 우려한 바와 같이 표현의 새로운 양상들을 요구하는 경험의 새로운 양상들, 즉 삶의 새로운 양상들의 출현을 나타내는데 무능해 질 수 있다는 것이다. 비평은 무엇보다 그 자신만의 형식을 요구하는 새로운 의미와 생명에 민감할 필요가 있다. 듀이식대로 생각하자면 비평은 완전히 새로운 성격을 가진 경험이 출현할 때 사람들에게 도움을 줄 수 있어야 한다.

듀이의 관점에 비추어 보면, 현재의 비평 교육에서는 비평이 왜 교육적으로 필요한지, 다시 말해 인간과 세계를 사유하고 새로운 경험으로 생산한 텍스트들을 수용할 때 비평적 인식과 태도가 왜 필요한지에 대한 교육적 입장을 확인하기가 어렵다. 따라서 비평의 성격과 본질을 탐색하여 비평의 교육적 성격을 정립하는 일이 우선적으로 요구된다. 다음 장에서는 비평의 성격을 모색하기 위한 방법으로서 '하나의 경험'으로서 비평을 이해하기로 한다.[11]

---

9) 2015 교육과정 '문학' 영역의 내용 체계는 '핵심 개념-일반화된 지식-학년(군)별 요소-기능'을 설정하고 '기능'의 내용으로 ' • 몰입하기 • 이해 · 해석하기 • 감상 · 비평하기 • 성찰 · 향유하기 • 모방 · 창작하기 • 공유 · 소통하기 • 점검 · 조정하기' 등을 설정했다.(밑줄_인용자)

10) '같은 작품에 대한 여러 해석을 비교하고, 해석의 전제와 근거의 타당성을 파악하도록 하기 위해서는 해석의 근거가 분명하게 드러나 있는 비평문이나 학습자의 해석 활동의 결과물을 활용할 수 있다.'(교수 · 학습 방법 및 유의 사항)(밑줄_인용자)

11) 이 연구는 삶과 예술, 일상적 경험과 미적 경험과의 관계를 철학적, 교육적으로 이론화한 존 듀이의 '경험'을 중심으로 고찰했다. 주로 참고한 연구는 다음과 같다. 존 듀이(박철홍 역), 2016;존 듀이(강윤중 역), 2011; 존 듀이(조용기 역), 2011; 존 듀이(이홍우 역), 2007 등.

제 4 장

교육적 경험으로서 비평의 인식

교육적 경험으로서 비평의 인식

1. 비평의 교육적 성격에 대한 인식

1) 비평에 대한 전통적 접근

비평에 대한 경험적 접근의 정당성을 모색하기 위해서는 먼저 비평에 관한 전통적 접근을 살펴보고, 그것이 비평 교육에서 가지는 문제점을 파악할 필요가 있다. 비평에 대한 전통적 접근은 주로 문학적 관점에서 제출된 성과들이 대부분이다. 비평에 관한 문학적 담론들은 비평이 제도적으로 독립할 수 있는가와 관련된 비평의 제도화 문제, 그리고 비평의 제도적 독립을 보장할 만한 비평의 원리나 기준이 있는가와 관련된 문제, 그리고 개별 장르로서 비평의 역사적 전개와 정리 등에 관한 문제 등으로 논의를 개진해 왔다.

그동안 국어 교육에서 비평에 대한 교육적 인식의 미약함은 '비평'이라는 용어가 발산하는, 지나치게 진지하거나 혹은 과도하게 여겨지는 이미지 때문일 수 있다. 이러한 비평의 이미지는 비평의 근대적 제도화 과정에서 비평이 처했던 상황, 예컨대 "모든 정치적 행위가 불법으로 규정되고 문학적·문화적 행위만이 최소한의 합법적인 승인을 얻어낼 수 있는 영역이었던 상황에서, 정치 욕구는 내면화되어 보편성을 지향하는 언어로 표출되었던"(김윤식, 1989:12) 상황과 무관하지 않다. 비평은 정치 현실과 근접한 거리에서 문학적 공론장이자 정치적 공론장이라는 혼재된 성격을 탑재하며 현실이나 주체, 시대의 변화에 따른 비평의 사명이나 원리 등을 점검하고 조정하는 과제를 떠맡게 된 것이다. 예컨대 "자신의 시대적·사회적 사무를 반성함으로써 병자와 같이 힘 버린 문학을 걸머지고도 새 시대의 새벽에로 향하여 땀을 흘리며 거꾸러지며 다시 일어나면서도 꾸준히 걸어갈 것이다"(김기림, 1988:103)와 의지에는 비평의 사회적 책무성에 대한 자의식이 반영되어 있는 것이다.[1] 적어도 1930년대에 이르면 비평은 작가와 작품에 대한 글쓰기인 동시에 비평적 책무성이나 비평 주체의 내면을 구성하는 과정으로 인식되었다.

문학 비평에 한정해서 보자면, 비평의 제도적 분화와 독립에 주목한 연구들은 문학 연구와 비평, 연구자와 비평가의 정체성과 인식을 환기하고 비평의 학문적 패러다임을 마련하고자 했다. 이들은 근대적인 의미로서 비평이 탄생한 시기를 근대 문학 이론이 수용되고 독자적인 비평 체계가 수립된 1920년대에서 비평이 제도적으로 성장한 1930년대로 보는 것이 일반적이다. 그러나 비평의 제도화 과정에서 엄밀히 말해 문학 연구와 문학 비평이 서로 다른 그룹에 의

1) 김기림, 「현문단의 부진과 그 전망」, 『김기림 전집』3, 심설당, 1988, 103; 『동광』 4권 10호, 1932.10, 김동식(2008:170)에서 재인용.

해 철저하게 이질적인 영역을 확보한 경우는 없었다. 문학을 메타적으로 다루는 작업들이 그 형태상의 특징으로 보더라도 다른 종류의 논리적 문장과 큰 차이가 있는 것으로 보이지 않기 때문이다. 더구나 제도적 토대가 충분히 완비되지 않았던 해방 이전에는 창작과 비평 작업이 뚜렷하게 분리되어 있지도 않았다. 사실상 해방 이전까지는 창작자가 비평 작업을 겸하곤 했다. 비평의 범주를 처음 마련한 이광수와 김동인은 물론이거니와 염상섭과 임화, 김남천 등이 모두 창작과 비평 작업을 겸하고 있었다(강용훈, 2013). 해방 이전까지 대개 비평은 창작과의 협업과 조정 과정을 거치면서 그 영역을 마련해 왔다.

그러나 해방 이후로 고등교육을 위한 제도적 시스템이 마련되면서 창작과 연구 혹은 비평의 주체에 전면적 변화가 일어났다. 특히 비평 작업을 담당한 주체에 관해 말하자면 대학을 기반으로 한 문학 연구가 본격화되면서 대개 문학 관련 연구자들이 비평 작업을 맡게 되었다고 할 수 있다. 물론 이러한 사정을, 비평의 전문성에 대한 논의가 해방 이후에야 이루어졌음을 입증하는 근거로 삼기는 곤란하다.[2] 그러나 근대 문학이 시작된 이래로 불모의 영역으로 지목되어 왔던 비평 범주에 대한 고찰이 비평 제도 내적 차원에서 본격화되고 분화되기 시작한 것은 대략 1950년대를 거치면서이다. 비평을 전공한 신인들의 진출이 두드러졌으며 1960년대 전후로는 4.19 정신을 적극적으로 점유해가면서 비평 범주의 설정이 구체화

2) 1930년대 중후반 경성제대 출신 최재서나 이원조 등의 전문 비평가가 등장하면서, 비평의 고유한 영역은 물론이거니와 비평/비평가의 전문성에 대한 인식을 보여왔기 때문이다.

되어 갔다. 그러나 비평에 관한 제도적, 범주적 논의들은 한 연구자가 지적한 바와 같이 대부분 비평의 외연을 둘러싸고 비평이 문학 연구와 구별되어야 하며, 그러기 위한 분할선으로 '문학에 대한 주석적 작업이냐 가치의 비판적 재창출이냐'를 결정할 필요가 있음을 보여주었다. 이러한 요구는 1960년대 중반을 거치면서 가속화되었는데, 이른바 비평의 입각점, 문학 비평의 범주 설정, 비평의 순수-참여 논쟁, 신비평과 구조주의, 문학 사회학과 민족 문학론, 근대성론 등 다양한 담론으로 세분화되어 개진되었다. 그러나 기억해야 할 것은, 이때의 비평 역시, 이론과 창작, 해석과 비판이 통합적으로 수행된 문학 연구와 비평의 미분화 영역이었다는 점이다. 비평이 문학 연구라는 대타항을 설정하기 전까지 문학에 대한 메타 작업은 '비평'의 이름으로 수행되어 온 것이다.[3)]

실제로 비평의 교육적 성격이나 위상이 모호한 것은 문학 연구에 대한 문학 비평의 미분화적 혹은 후위적 위상이 그대로 교육의 장에 수용되어 현재의 상태를 연출해 왔다고 볼 수 있기 때문이다. 한 잡지의 제호와 같이 '창작과 비평'이 전・후위적(前・後衛的) 관계의 공식처럼 대중화되면서 비평은 시, 소설 등의 본격 창작 장르에 대한 부차적 장르로 고착되었다. 물론 비평의 역사를 통해 보여준 비평의 다양성, 비평 주체의 이념적 성격, 비평 이론의 다양한 전개, 각기 다른 지향의 비평가들의 해석 공동체가 형성되어 한국 비평의 장을 풍성하고 세련되게 형성해 온 것은 사실이다.

3) 소영현은 다음 연구를 통해 문학의 아카데미즘화오 과학화가 문학 연구와 비평의 경계 설정과 긴밀한 상관성이 있음을 역사적으로 고찰하여 그 관계를 밝히고 있다.이에 대한 상세한 논의는 소영현(2010: 265-299) 참조.

그러나 문학적 비평 담론의 위상이 비평의 교육적 정당성을 담보하는 근거로 기능할 수는 없는 것이다. 그런 점에서 교육학 진영에서 제출한 비평에 관한 논의들은 비평의 교육적 의의와 성격을 모색하기 위한 내용이 대부분이다. 이들은 비평에 관한 교육적 의의를 포괄적으로 접근하는 논의들과 개별 비평가들이나 비평들을 사례로 교육적 가능성을 탐색하는 논의들을 적극적으로 산출하며 비평의 교육적 정당성을 확보하기 위해 노력을 경사해왔다.[4] 그러나 비평을 왜 가르쳐야 하는지, 교육에서 다루어야 하는 비평은 어떠해야 하는지에 대한 의문을 해결하기는 부족하다.

2) 평가적 비평에 대한 재인식

앞 절에서 살핀 바와 같이 비평의 성격이나 개념, 교육적 위상에 대해서 국어 교육 내부에서도 명확한 관점을 정립하지 못한 상태이다. 우리가 통상 비평이라고 말할 때 연상되는 것은 '비난'과 유사한 부정적 어감이다. 또한 비평을 감상, 해석 등의 용어와 함께 놓을 경우에도 그 의미에 대해 자신 있게 내놓기 어렵다. 따라서 비평에 대한 경험적 접근을 위해서는 먼저 비평에 대한 개념적 재인식이 필요하다. 비교적 최근에 비평 관련 논의를 개진해 온 소장 연구자들의 견해를 살펴보자.

① 문학 비평 교육은 학습 독자가 문학 작품의 가치를 분석

---

4) 앞에서 언급한 구인환 외(1988), 우한용(1993), 박인기(1993)을 비롯하여 임경순(2003), 김성진(2004), 최미숙(2005), 남민우(2006) 등이 있다.

하여 자신이 구성한 의미에 대한 근거를 논리적이고 객관적인 방법으로 표현하는 문학 교육 방법의 한 형태

② '비평'은 그 자체로 특정한 장르적 규칙을 준수한 완결된 글쓰기

③ 비평(批評)이란 비평 대상이 무엇이든 그것을 텍스트로 전제하여 텍스트의 결을 분석하고 평가하는 것

④ 인물 비평이란, 그 사전적 의미로 볼 때 "한 개인(個人)의 인품(人品)이나 능력(能力) 및 행적(行蹟)상(上)의 잘잘못을 평가(評價)하고 비판(批判)"하는 것을 뜻한다.

⑤ 문학에서 비평(批評)이라 함은 문학작품을 정의하고 그 가치를 분석하며 판단하는 것이다. 비평은 작품과 작가를 평가하는 기준이 되며, 그 기준은 과거의 문학 작품과 전통에서 가져온다.

⑥ 비평을 문학에 대한 가치 평가, 설명, 그리고 그러한 작품의 소통을 증진하는 일로 규정

위의 인용들은 비평을 글쓰기의 사례로 인식하는 가하면, 행위로 접근하는 사례도 있다.[5] 후자라 하더라도 비평의 하위 활동으로 정의(⑥), 분석(⑥, ①), 평가(⑥, ⑤, ④) 등에서도 편차를 보이고 있다. 그러나 비평에 대한 이해에서 차이를 보이고 있다 하더라도 이들 논의들은 공통적으로 비평에서 '가치'나 판단, 평가 등을 주목하고 있다.

사실, 가치 평가는 비평과 가치 평가를 분리할 수 없다는 견해와

5) ①~⑤는 서민정(2006), 이인화(2013), 조희정(2010), 이상일(2010), 김주연(2015) 등 소장 연구자들의 견해이고, ⑥은 우한용(1999)의 견해이다.

반드시 배제해야 한다는 견해를 대표로 하여 비평의 역사에서 논쟁적인 테마가 되어 왔다. 가령 전통적인 비평가들은 가치 평가야말로 비평의 핵심이며 가치 평가를 떠나서는 비평이 존재할 수 없다고 주장해 왔다. 워렌(Warren, A.)은 르네 웰렉(Wellek, Rene)과 공저한 『문학이론 Theory of Literature』의 제18장에서 '가치 평가는 비평 그 자체'라고 밝히고 있다(Wellek, R. and Warren, A., 1966:238-251).

문학 작품을 미적 대상으로 규정하고 가치 평가를 강조했기 때문에 워렌이 미적 가치를 염두에 두었다면, 엘리어트(Eliot, T.S.)는 가치 평가의 경우 어떤 하나의 권리나 미적 가치에 기준을 둘 경우 오류에 빠질 수 있음을 경계하여 총체적 가치 평가를 강조했다. 그의 수작인 '전통과 개인의 재능'에서 "어떠한 시인도, 어떠한 예술가도 단독으로 의의를 가질 수 없다. 그의 의의, 곧 그의 평가는 과거의 시인과 예술가와의 관계에서 오는 가치를 바탕으로 한다. 한 시인이나 예술가를 독자적으로 평가할 수는 없다"고 주장하여 전통과의 관계에 비추어 작품이나 시인의 가치를 평가해야 한다는 점을 강조했다(Eliot, T.S., 1962:163). 반면 비평의 과학화에 독보적인 기여를 해 온 프라이(Frye, N.)는 비평을 하나의 구조로 파악하여 분석적이고 해부학적으로 접근했다. 프라이는 가치 평가란 개별적이고 다양하기 때문에 예측하기 어려우며 비평에 원용해서는 안 된다는 입장을 강하게 표명했다. 따라서 비평 주체의 경험과 사회적, 도덕적 견해와 같이 변하기 쉬운 가치에 기준을 두어 작품을 평가한다는 것은 있을 수 없는 일이다(Frye, N., 1986:11-48).

그러나 문학을 비롯한 예술 문화가 가치 있는 내용을 형상화한 것이라면 비평이 가치 평가로부터 자유롭기는 어렵다. 예컨대, 다음과 같은 상황은 어떠한가?

> [1] 해설 비평이란 그 책을 읽은 독자나 아니면 읽지 않은 독자의 이해를 돕기 위해 쓴 글을 지칭한다. 이 때의 이해란 해당 텍스트에 대한 해석과 감상만이 아니라 평가를 포함한다. 이처럼 해설 비평은 텍스트를 분석 해부하고, 텍스트와 관련한 다양한 지식을 제공하고, 궁극적으로 텍스트와 관련한 가치판단인 평가를 수행한다. 해설 비평에서 **평가는 더부살이가 아니라 독자의 궁극적 이해를 돕기 위한 필수 항목**이다. 가치판단이 부재한 해설비평은 해설 '비평'이 아니라 그저 '해설'일 뿐이다. (최강민, 2009:237)(강조_인용자)

> [2] 문학 작품에 대한 '해석'과 비평 이론의 목표는 전혀 다른 원리에 근거하며 바로 그 '해석학적 방법론'이 전제하는 과학성 –주로 영미학계에서 관행처럼 통용되는–이야말로 비평 이론의 공부에서 지양해야 할 가장 큰 걸림돌이라는 현실을 정직하게 대면하지 않을 수 없다. 그런 의미에서 강의실에서의 비평 이론 공부는 문학작품과 한시적으로 절연됨으로써 궁극적으로 문학작품이 간직한 '해석(이론)에 대한 저항'의 몸짓에 공명하기 위한 우회로라고 할 수 있다. 어쨌든 비평 이론에 대한 공부가 문학 작품에 대한 사랑, 삶에 대한 뜨거운 애정으로 이어지지 않는다면 아무런 쓸모가 없을 터이다(강우성, 2010:249).

위 [1]은 현장 문학 비평가의 견해이고, [2]는 영문학 전공 교수의 비평 이론 강의에 관한 소회이다. 이들은 서로 관심 분야와 비평 영역이 다르지만, '비평'에 대해서는 공통적인 인식을 보여주고 있다. 비평의 본성은 가치 평가에 있지 해설이 아니라는 점이다. 이들은 가치 평가가 비평의 필수 항목이자 궁극적 지향점이 되어야 함에도 불구하고(①), 현장 비평이나 비평론 강좌에서나 비평이 '평가'와 거리가 멀어지고 있는 현실을 개탄하고 있다. 현재의 비평 혹은 비평교육이 비평의 '가장 큰 걸림돌인 해석학적 방법론'에 걸려 넘어져 '평가'를 유실해 버린 것이다. 비평이 제 기능을 회복하기 위해서는 해석학적 방법론에 막혀서 제 길을 잃어버린 '평가'를 탐색하여 복원할 필요가 있다.

사실 '비평'의 평가적 본성은 '비평(批評)' 혹은 'criticism'의 어의와 용례 자체에 이미 함축되어 있다. 이들 어의는 비평이라는 용례가 본래적으로 대상의 분석을 통해 가치를 평가하는 의미를 함의해 왔음을 보여준다. 『康熙字典解釋』(1716)에 따르면 '비(批)'의 원의(原義)는 '손으로 치다', '손으로 가르다'이다. 예를 들어, 소를 잡을 때 뼈와 살 사이의 틈을 따라 해체하는 것이 바로 '비'이다(手擊也。【左傳・莊十二年】宋萬遇仇牧于門, 批而殺之。又【集韻】【韻會】𣳫蒲結切, 音蹩。讀若敝入聲。義同。). 이 원의로부터 '비(批)'는 '잘게 쪼개다', '세밀하게 가르다'라는 뜻이 파생되어 나왔다.

批 形聲。從手，從比，比亦聲。"比"本義爲"等列"，"个个相同"。"手"与"比"聯合起來表示"用手逐个拿取等列的物品"。本義：手取等列之物。如在服裝市場用手拿取同一品牌和款式的襯衣100件。引申義：用手做同樣的一連串動作。如用手連續打耳光；用手和筆連續在一系

列文件上簽字, 等等

評 píng 形聲。字從言, 從平, 平亦聲。“平”爲“秤”省, 義爲“称重”。“言”与“平”聯合起來表示“報称重量”。本義：粮庫官吏對農民繳納的公粮進行称重和目驗后報出重量數字和質量等級(以便文書記录。引申義：說出判斷, 發表意見[6]

『한어대사전(漢語大詞典)』은 '비평(批評)'을 "手"과"比가 합쳐져 같은 물건을 손으로 하나하나 고른다는 의미를 지닌 '비(批)'에서 '"言"과 "平"이 합쳐져 중량이나 등급을 보고해서 말한다'의 의미를 지니는 '평(評)'으로 나아가는 의미로 제시하고 있다. 결국 이 사전은 '비평'을 손으로 하나하나 골라낸 뒤 등급에 대한 '최종적인 평가'를 내리는 의미로 규정하고 있다. 이는『康熙字典解釋』역시 마찬가지여서 '평(評)'을 옳고 그름을 가려 최종적으로 가치를 평가한다(平, 品)[7]는 의미로 풀이하여 '비평'을 '가치 평가' 개념과 연동하고 있다. 따라서 어의(語義)를 통해 비평을 개념적으로 접근하면, '비(批)'는 구절에 대한 미시적 분석과 '평(評)'은 거시적이고 최종적인 평가와 관계가 깊고, '비'가 분석적이라면 '평'은 총체적이다. 비평에 대한 사전적

6) 漢語大詞典編輯委員會 編纂(2000),『漢語大詞典』, 중국상해사서출판사.

7)『康熙字典解釋』(1716)은 '評'을 '平也, 議也' 혹은 '平量也', '品論也'로 풀이하고 있으며 그 용례를 다음과 같이 제시하고 있다.【後漢・許劭傳】劭好覈論鄕黨人物, 每月更其品題, 故汝南俗有月旦評焉。【魏志・曹植傳】曹植與邯鄲淳評說混元造化之端。【舊唐書・陸贄傳】互相譏評。【文心雕龍】評者, 平理。【新論・正賞篇】評者, 所以繩理也。 又官名。【晉書・職官志】廷尉主刑法獄訟, 屬官有正監評。【唐書・百官志】大理寺有評事八人, 掌出使推按。 又邑名。【梁書・新羅國傳】其邑在內曰啄評, 在外曰邑勒, 亦中國之言郡縣也。又姓, 見【姓苑】。 又通作平。【後漢・霍諝傳】前者溫敎許爲平議。【蜀志・費褘傳】論平其是非。 又【玉篇】皮柄切【唐韻】【集韻】【正韻】皮命切, 𠀤平去聲。平言也。【韓愈・東都遇春詩】爾來曾幾時, 白髮忽滿鏡。舊遊喜乖張, 新輩足嘲評。【註】評 音病。乖張, 乖張。

접근 외에 실제 담론장에서 비평은 어떻게 이해되었을까?

> 3 『수호전』은 매 장마다 장의 법이 있고 매 문구마다 구의 법이 있고 글자마다 글자의 법이 있다. 집안의 자제가 조금 글자를 알게 되면 그에게 (수호전을) 반복해서 꼼꼼하게 읽도록 가르쳐야 한다.

> 4 『서상기』는 반드시 하루 반의 힘을 들여 단숨에 다 읽어야 한다. 단숨에 다 읽는 것은 그 발단부터 결말까지 모두 파악하기 위해서이다. 『서상기』는 반드시 보름이나 한 달의 공을 들여 꼼꼼하게 읽어야 한다. 꼼꼼하게 읽는 것은 그 세부의 결을 자세히 찾기 위해서이다.

인용문은 중국 문학사에서 최초의 문학 비평가로 평가받는 김성탄(金聖歎)이 평점 형식으로 비평하고 있는 『수오전』, 『서상기』의 평점서(評點書)의 서두이다.[8] 그는 비평 이전에 문학 작품에 대한 꼼꼼한 읽기와 분석이 전제되어야 한다는 것을 '독법(讀法)'으로 제시했

8) 명말 청초(明末 · 淸初)의 문학비평가 김성탄은 30세부터 문학비평을 시작하였고 『莊子』, 『離騷』, 『史記』, 『杜詩』, 『水오傳』, 『西廂記』를 '六才子書'이자 '天下才子必讀書'라 하고 한 부씩 비평할 계획을 세웠다. 1641년에 그가 평점한 『制五才子書水滸傳』을 간행했고, 1658년에 『制五才子書西廂記』를 간행했다. 그의 의도가 독자층의 의도에 부합해 이 두 비평은 출간되자마자 전국적으로 열풍이 되었다. 당대의 학자들은 김성탄의 책을 애독하여 거의 집집마다 한 질씩 소장했을 정도라고 한다. 이 소설과 희곡에 관한 비평을 통해 김성탄은 인물에 대한 평가와 창작 기법, 작품의 감상법, 가치 평가 등 두 작품을 세밀하게 분석하였다. 이 두 비평서는 소설 희곡이라는 대중문학의 가치를 높이 평가하고 서사문학의 기본적인 원리를 탐색했으며 이후 소설과 희곡 비평에 크게 기여했다. 예컨대 『서상기』의 경우는 원래 작자는 왕실보이지만 당시의 조선 사람들은 그 저자가 김성탄인 줄 알 정도로 그의 비평서를 주된 독서 대상으로 삼았다. 이후 김성탄의 평점문, 번역문과 이에 대한 자세한 논의는 韓梅(2002), 정선희(2005) 재인용 및 참조.

다. 김성탄은 작품의 매 글자(字), 구(句), 장(章)마다 교묘한 창작 기교가 숨어 있기 때문에 그것을 파악하려면 꼼꼼히 읽는 미시적인 시각이 필수적이고(③) 작품의 전체적인 흐름과 줄거리, 각 부분 간의 연결방식을 제대로 인식하기 위해서는 긴 안목을 가지고 단숨에 읽어내리는 거시적인 시각(④)이 또한 필요하다고 역설하였다. 미시적인 시각으로 작품의 세부까지 깊이 파고들어 곳곳에 숨어 있는 창작 기법들을 식별하고 거시적인 시각으로는 사건 전개의 큰 흐름과 연결 방식을 인식하는 것이 필요하다는 것이다.

중국과 우리나라의 비평에 지대한 영향을 끼친 김성탄의 독서법은 이후 비평에서 수비(首批), 미비(眉批), 총비(總批), 방비(旁批), 협비(夾批), 미비(尾批) 등의 비평 형식을 창출했으며 우리나라 비평에 영향을 미쳤다. 그 중에서 '미비(眉批)(작품의 특정 구절)', '방비(旁批)', '협비(夾批)(작품의 특정 구절 밑에 쌍행으로 기재된 평어(評語))' 등은 작품의 꼼꼼한 분석을 통한 해석과 관련된 비평 형식이며, 수비(首批), 총비(總批), 미비(尾批) 등은 '평'에 해당하는 유형들이다. 이규보의 「漢江」에 대한 최해(崔瀣)의 평점 비평은 어떠한가?

⑤ 아침 해 떠오르자 안개 걷히니
채찍질 재촉하여 한강가에 이르렀네.
천황이 돌아오지 않으니 누구에게 물으리
해오라기 한가히 날고 물만 절로 흐르네.
朝日初昇宿霧收 促鞭行到漢江頭
天王不返憑誰問 沙鳥閑飛水自流(강조_인용자)

5는 이규보가 주나라 소왕(昭王)의 고사를 인용하여 쓴 시이다. 소왕이 남방을 순행할 때 한수를 건너다가 배가 부서져 익사했는데, 나중에 제나라 환공이 초나라를 토벌할 때 이 일을 추궁하자, 초나라 측은 물가에 물어보라고 하며 승복하지 않았다고 한다. 이규보는 본인이 배를 기다리고 있는 곳과 주나라 소왕이 익사한 곳의 강의 이름이 같은 것에 착안하여 이 고사를 인용했을 것이라고 짐작했다(김대중, 2013:47~48). 그런데 최해가 작품을 읽어보니 이규보가 이 고사를 인용한 까닭이 작품 안에서 잘 드러나지 않았다. "'천황이 돌아오지 않으니'는 무슨 일을 가리키는 것인가?"("'天王不返'指言何事?") 작품 내적 맥락으로서는 의미가 분명히 드러나지 않는 '天王不返'를 표시하여 '미비' 형식으로 평가를 내린 것이다.

다음은 '방비' 형식의 비평 사례이다. 이는 박희병(2010)이 발굴하고 분석한 『종북소선(鐘北小選)』의 「염재당기」에 행해진 평점 비평의 일부이다.

6 송욱이 취해서 자다가 아침나절이 되어서야 잠이 깼다. 누운 채 들으니 소리개가 울고 까치가 깍깍거리고 수레 지나가는 소리와 말발굽 소리가 요란했으며 울타리 안에서는 절구 찧는 소리, 부엌에서는 설거지 하는 소리가 들렸고 노인과 아이가 떠들고 웃는 소리, 계집종과 사내종의 음성을 높여 말하는 소리가 들려왔다. 무릇 방문 밖의 일은 소리로 모두 분간이 되는데 유독 자신의 소리만 들리지 않았다. 송욱은 몽롱한 정신으로 이렇게 중얼거렸다. **"집안 사람들은 모두 있는데 어째서 나만 없는 거지?"**

> 그러고는 주욱 살펴보니, 저고리는 옷걸이에 걸려 있고, 바지는 횃대에 있고, 갓은 벽에 걸려 있고,...[9](강조_인용자)

인용문 중 진한 글씨 부분에 방점이 찍혀 있고 방점 사이에 "마음으로 이해해야 할 대목이다. 알지 못괘라. 붓이 춤추고 먹이 뛰노는 것을!"이라는 '방비'가 기입되어 있다. 이덕무(李德懋)는 이 방점 찍힌 부분을 생생하게 읽어야 한다고 강조하고 있다. 방비(旁批)는 주로 특정 구절이나 문장의 작법에 대한 코멘트, 문장 표현의 잘되고 못됨에 대한 코멘트, 글귀의 내용과 관련된 짧은 견해나 소회, 글귀의 의미나 의의에 대한 논평의 역할을 수행했다.

이들 평점 비평 사례들은 이후 에이브럼즈(Abrams, M.H.)가 주장해 온 바, 'criticism'의 일차적인 작업은 뜻풀이와 주석에 의하여 언어의 의미를 분명히 하는 것을 해석(interpretation)에 두어야 하며 특별히 모호하거나 비유적인 구절들에 초점을 맞추어 작품의 의미를 밝히는 것이 선행되어야 한다는 문맥과 상통한다. 해석은 어휘, 숙어, 구문을 분석하여(analsys) 규칙을 설명하고 불분명한 암시에 주해를 달고 주제를 명백히 하는 것이다(Hough, Graham Goulden, 1966, 1989:96). 비평은 텍스트의 구성 요소에 대한 미시적인 분석(批)을 토대로 의미를 설명하고 전달하는 해석(interpretation)을 일차적으로 전제해야 한다.

그러나 분석이나 해석만으로는 비평이 성립될 수 없다. 비평은 그것이 예술 작품이든 문화 현상이든 대상에서 무엇이 가치 있는지를 발견하도록 지원하는 일이다. 해석이나 분석 외에, 비평을 구성

---

9) 인용문은 박희병(2010)에서 재인용.

하는 활동들에 기술, 분류, 맥락화, 해명 등을 포함시킨 캐롤 역시, 이러한 활동들만으로 비평이 성립될 수 없다고 단언한다. 이러한 활동들은 비평 주체가 해당 작품을 평가할 때 필요한 근거를 제공하려는 목적을 가지고 수행되는 것일 뿐, 비평의 궁극적 지향은 평가에 있다는 것이다(Carroll, Noël, 2009, 2015:39). 다음 사례를 좀 더 살펴보자.

> 7 이 글의 대지(大旨)는 '뜻을 잘 표현하면 진실되다. 이것이 글을 짓는 법문(法門)이다'라는 것이다. 자신이 아는 것과 자신이 모르는 것, 남이 아는 것과 남이 모르는 것을 총괄하여 한 편의 글을 이루었다.

인용문은 이덕무가 독자로서 박지원의 「『공작관집』서」 전체를 후평한 것이다.[10] 후평(後評)은 텍스트의 마지막에 글 전체의 구성이나 주지(主旨), 인상이나 소회(所懷) 등을 평가하여 기술한 것인데, 위 독자는 박지원의 글이 '아는 것과 모르는 것'을 총괄하여 '진실성'을 가지고 있다고 글의 가치를 평가하고 있다. 다음 사례는 앞서 인용한 최해(崔瀣)의 『삼한시귀감(三韓詩龜鑑)』에서 텍스트 전체에 대한 평가를 통해 평점 비평을 행하고 있는 부분이다.

> 8 복도는 무성한 잡초 되었고

10) 이 후평은 박희병(2010:91)에서 인용한 것이다. 박희병은 대전 연암 종손가에 소장되어 있던 이덕무의 비평서 『종북소선』을 번역 분석했다. 『종북소선』은 연암 박지원의 글 10편을 엮은 책이며 여기에 이덕무가 평점(評點)을 붙였다. 박희병은 이 책이 작가와 비평가의 독특한 관련을 보여주고 있다고 점을 주목할 필요가 있다고 강조한다.

풍악 소리 바뀌어 새의 울음 되었네.
여기에 거울 삼을 게 분명 있으니
남은 터전 땅을 쓸 듯 없애지 말길.
複道渾成碧草蕪 笙歌散盡鳥相呼
箇中殷鑑分明甚 莫遣遺基掃地無

김대중(2013:52~53)에 따르면[11] 8은 정중부의 난을 배경으로 한 시이다. 이 시에 등장하는 '연복정'은 의종(毅宗)이 사치 행각을 벌이다가 무인들의 원망을 사서 결국 무신의 난을 초래하는 계기가 되는 장소이다. 이규보는 시를 통해 이제는 쇠락했을지언정 연복정 터를 남겨 놓아서 후대의 경계로 삼아야 한다는 계세적인 의도를 통해 드러낸다. 이 시를 읽은 독자로서 최해는 작품 전체에 비점을 찍고 "연복정을 시로 읊은 사람이 많지만 이처럼 의미가 깊고 유장한 것은 없다"라는 비평을 기입했다. 이규보가 연복정이라는 시적 상관물을 통해 비유와 함축으로 형상화한 것을 근거로 세월의 무상, 비감의 정서 그리고 세인(世人)에 대한 경계를 해석해 낸 후 '무비지의심장(無比指意深長)'으로 가치 평가를 내린 셈이다.

이와 같이 비평의 고전적 용례를 볼 때, 비평은 가치 평가와 연동되는 개념이라는 것을 알 수 있다. '비평'에서 분석적이고 미시적인 '비(批)'의 행위가 지향하는 행위는 종합적이고 총체적인 '평(評)'인 것이다. '비평'은 '비'와 '평'의 단순 병렬 조합으로 이루어진 것이 아니라 논리적이고 선후적인 관계가 결합된 어휘이다. 가치 평가를 지향하는 어휘로서 '비평'의 의미는 서양의 'criticism'에서도 찾을 수

11) 시 전문과 번역문은 김대중(2013)을 참고했다.

있다. 'criticism'이 비평가(critic)가 배심원으로 참여하여 평결을 내리는 사람을 뜻했던 고대 그리스어 '크리티코스(kriticos)'에서 나왔다는 사실과 관계가 있다(Noël, 2015:30)는 것은 이 어휘 역시 어떤 대상이나 사물에 대하여 그 가치를 평가하는 행위를 함의하고 있다는 사실을 보여준다.

현재 통용되는 문학 텍스트에 대한 해석과 평가(evaluation, and interpretation of literature)라는 의미 역시 가치 평가를 강조한다.12) 여기서 역시 비평이 해석을 경유하여 작품의 좋고 나쁨을 판단하는 과정까지 지향하는 의미를 지니기 때문이다. 언어적 의미의 문제는 해석의 영역이지만 언어적 의의에 관한 논의는 비평의 영역이라고 주장한 허쉬(E.D. Hirsch) 역시 비평의 기능을 가치 평가에 두었으며 비평의 기능을 해석을 통한 평가로 본 허드슨(Hudson, W.H.)은 물론 미적인 문체 양식의 분석적 평가를 강조한 테이트(Tate, Allen)와 브룩스(Brooks, Cleanth) 역시 비평의 본질을 '평가'에 두었다. 이들은 공통적으로 비평이 지향해야 할 최종적 단계이자 본질을 가치 평가(evaluation)에 두고 있는 셈이다.

앞에서 살펴본 중국의 비평가 김성탄 역시 자신이 비평을 하는 이유를 작품의 온전한 평가의 중요성 때문이라고 술회한 바 있다.

> 9 현재의 사람들은 책을 읽을 줄 모르고 왕왕 책을 두리뭉술하게 넘어가기가 쉽다. 그러므로 잘 되는 부분, 잘 안되는 부

12) 이 사전적 의미는 wikipedia(http://en.wikipedia.org/wiki/Literary_criticism, 2014,6.22)의 도움을 받았다.; the practice of judging the merits and faults of something or someone in an intelligible(or articulate) way

> 분, 필치를 슬쩍 딴 데로 돌리는 곳, 딴 데로 돌기기 어려운 곳, 물을 이용하여 파란을 일으키는 부분, 없는 데서 기이한 것을 만들어내는 곳, 보완하지 않으면 안되는 곳, 생략하지 않으면 안되는 곳, 형세에 따라 뒤에 붙이는 부분, 앞에 당겨 붙이는 부분 등 고인의 책에 있는 수많은 방법, 수많은 중요한 대목들을 모두 망연한 무지에 붙이고, 다만 전후사적과 시비, 성패 여부만 대략 기억하고 술을 마시기 전이나 차를 마신 후 길게 한담하고 시원하게 웃을 때 흥을 돋우는 깃발과 북으로 사용할 뿐이다......나는 특히 읽는 사람으로서의 정신이 없어서 작자의 뜻을 모두 없는 것으로 취급하고, 그 고심을 몰라주는 게 훌륭한 작가에게 참으로 미안한 일로 슬프게 여긴다. 그러므로 총명하지 못함에도 불구하고 이 비평을 하게 된 것이다(김성탄, 「說字」, 『制五才子書水滸傳』).

김성탄은 창작이 작자가 오랫동안 구상하고 머리를 짜면서 쓰고 또한 섬세하게 수정까지 마쳐야 하는 복잡하고 힘든 작업이라는 점을 강조한다. 그런데 대부분의 독자가 작품을 읽을 때 표현과 구성 등 작자가 심혈을 경주한 부분을 의식하지 않고 '다만 전후 사적과 시비, 성패 여부'만을 읽어내거나 혹은 '흥을 돋우는 깃발과 북'으로 사용하는 비평 세태를 비판하고 있다. 그리하여 감상력이 낮은 일반 독자들이 작품의 가치를 인식하지 못하므로 작자가 모든 정성을 창작한 훌륭한 작품이 독자들의 정확한 평가를 받지 못하는 것에 대한 안타까움이 묻어난다. 작자가 고심하여 쓴 작품을 과도한 분석의 대상이나 혹은 지적 허영의 도구 수준으로 전락시키고 마는 것은 비평의 역할에 대한 '망연한 무지'의 소산이며 이에 '총명하지 못함에도 불구하고 이 비평을 하게 된 것'이라고 고백하는 장면이다. 비평을 통해 작품의 의미와 문학성을 형성하는 창작 의도나 기법, 장치 등의 요소를 발견하여 해석해서 작품의 가치를 정당하게 평가해야 한다는 것이다.

비평에 관한 동서양의 메타적 논의들은 대상에 대해 미적 태도를 견지한 상황에서 대상을 해석하고 해석 과정에서 밝혀낸 사실이나 준거를 통해 대상을 객관적이고 주체적으로 평가하는 활동이라는 점을 공유하고 있는 셈이다. 만일 이러한 논의가 적절한 것이라면 현재 제도 교육이 수용하고 있는 비평은 좀더 적극적으로 정초될 필요가 있다. 문학예술에 관한 담론 자체가 가치와 무관할 수 없다는 사실을 고려할 경우 현재 비평 교육은 텍스트에 대한 분석이나 해석이 중심을 이루고 있기 때문이다.[13)]

이와 관련하여 비평의 객관성을 위해서는 텍스트의 분석과 해석, 그리고 평가의 상호 관련성에 대한 새로운 관점이 필요하다는 견해에 주목할 필요가 있다. 예컨대 맥클렌부르크는 비평의 실제 기술 과정에서 기능적으로 작용하는 기술, 해석, 가치 평가의 세 요소가 통합적으로 상호 작용하는 양상을 제시함으로써 '비판적 해석'에 의한 문학적 가치 평가의 객관적 가능성을 탐색하였다. 이러한 시

13) 이 부분은 김혜련 · 김혜숙(2014)에서 '해석과 평가의 복합적인 행위로 가능한 것이지 이 둘을 별개의 행위로 분리하거나 혹은 어느 한 가지만을 따로 떼어내서 비평으로 가르치는 것은 곤란하다'는 종전의 입장을 보완하고 강화한 것이다. 여기서 해석과 평가의 복합적 행위라는 의미는 둘을 별개로 다루는 것에 대한 반론적 강조이다. 복합적 활동이란 해석과 평가를 병렬적인 관계로 인식하는 것이 아니라 해석이 평가에 기여하고, 평가를 위해 해석이 전제되는 과정적이고 근거적인 활동을 말한다. 따라서 텍스트의 해석은 평가로, 평가는 다시 해석으로 연결되는 순환적 관계를 지닌다.

각은 '주관적 비판'의 역사성과 '객관적 해석'의 무시간적 유효성을 대립 분리시키는 기존의 비평적 관점의 한계를 지적했다. 에드워드 사이드(Edward W. Said) 역시 비평계가 해석의 무한성을 지나치게 강조하고 텍스트의 의미에 지나치게 의존하고 있다고 비판했다.

> 비평은 예술에 대한 주석 혹은 평가의 양식을 택한다. 그러나 실상 비평은 판단과 평가로 향하는 필연적으로 미완성인 예비적 과정으로 더 중요하다. 비평문이 수행하는 바는 예술을 판단하는 가치들을 창조하기 **시작하는** 것이다.[14](진한 글자_원저자)

사이드에 따르면 비평의 역할은 원래의 텍스트와 동일시하여 그 의미를 반복하는 일이 아니다. 비평은 해당 텍스트의 의의를 평가하는 가치를 창조하는 것이며, 글쓰기 속에서 그 과정과 실제의 조건들을 현재 속에 생생하게 구현하는 일이다. 또한 비평 행위는 기왕의 이론적 틀을 해당 텍스트에 적용하는 기계적 작업이어서도 안 된다는 것이다. 텍스트의 결에 예민하게 반응하여 텍스트를 평가할 가치를 창조하기 시작하는 것, 그리고 그 창조된 가치에 따라 텍스트를 판단하고 평가하는 과정과 조건을 드러내 보이는 창조적 행위가 비평이기 때문이다(서광목, 2007:13). 이는 "평가가 아니라 해석이 문제 되는 것이라면, 이 세계의 모든 것은 텍스트로서 동등한 가치를 지닐 것"(권보드래, 1996:422)이라고 비평을 통해서만이 텍스트의 독자성과 개성을 드러낼 수 있다는 관점이나 "비평의 목표는 텍스

14) Edward W. Said(1983), *The World, the Text, and the Criticm,* Cambrige, Mass.: Harvard UP 50, p.51

트에 대한 새로운 의미 규정"(구인환 외, 1989:333)이라는 단언 역시 비평을 가치 평가를 통한 새로운 의미 창출이라는 적극적인 행위라는 사실에 대한 공감을 표시한 것이다.

요컨대 비평은 작품의 해석을 통한 가치 평가와 그에 대한 정당화가 본질이다. 비평의 평가적 기능과 관련하여 캐럴의 성과는 이 연구에서 중요하게 참조하는 관점이다. 캐롤은 그의 흥미로운 저서 『비평 철학』을 통해 '비평의 본성은 평가'라고 단언하고 있다.[15] 비평에서 평가의 복권을 주장하는 그의 의도는 이 저서의 첫 장을 '평가로서의 비평'으로 시작하고 있는 데서도 확인할 수 있다. 그러나 마틴 에슬린(Esslin, Martin) 같은 평론가는 비평에서 평가적 기능을 지나치게 중시하는 태도에 대해 부정적이었다.

> 비평의 평가적 기능의 지나친 중시는 무엇보다도 비평가들을 터무니 없이 오만하게 만들었고, 대다수의 비평가들로 하여금 마치 자신들이, 불행한 일부 사람들은 지옥에 보내고 선택받은 소수인은 천국에 올려 보낼 수 있는 권능을 가지고 어마어마한 '최후의 심판'에서 직무를 수행하기라도 하는 것처럼 생각하는 참담함에까지 이르게 하고 있다. 그러한 위대한 권좌(이것은 한 번도 정당성이 입증된 바가 없는 거지만)의 유혹을 물리치자면, 그리고 자신이 내리는 판단을 절대적인 표준에 의거한 것이라고 생각하고 싶은, 보다 더 방심할 수 없는 유혹을 물리치기 위해서는 상당히 강한 성격이 필요하다(Esslin, Martin, 1983:255).

15) 이 연구에서는 주로 캐롤(Carroll, Noël)의 *On Criticism*의 한국어판 『비평철학』(이해완 역(2015), 북코리아)를 참조했으며 원문을 확인할 필요성이 있는 경우는 Carroll, Noël (2009)를 활용했다.

에슬린은 비평적 판단의 절대적 표준이 없기 때문에 비평의 법칙을 발견하려는 노력은 유해하다고 일갈하고, 비평에서 평가적 태도야말로 비평을 "가장 중요한 과업으로부터 일탈시키고 그 이미지를 일그러뜨려 놓는 결과를 가져왔고, 일반적으로 비평에 불명예를 초래하는 것이 일쑤였다고" 주장했다. 따라서 객관적 비평이란 애당초 존재할 수 없다는 것이다. 흥미로운 것은 그가 객관적 비평의 불가능함을 주장하는 맥락에 관계에 대한 비평의 인식이 중요하다는 사실이 내포되어 있다는 점이다. 그는 '물자체'(物自體)로서의 작품이란 없으며, 그렇기 때문에 예술 작품에 대한 모든 담론 역시 주관적 요소를 포함할 수밖에 없다는 것이다.

그러나 비평이 결코 객관적일 수 없다는 그의 주장은 재고할 여지가 있다. 이를테면 에슬린은 "과거의 문학 작품을 대할 때에 그 작품 주위에 누적되어 있는 비평적 담론 없이는 그 작품을 이해할 수 없"다고 주장하며 하나의 작품을 이해하기 위해서는 작품에 대한 반응, 비평적 담론이나 합의 등을 고려해야 한다는 점을 강조한다. '작품에 누적되어 있는 비평적 담론' 속에서 작품을 이해하고 그것은 비평 주체 속에서 '그 지각의 일부가 되고 그들의 지각을 수정'을 가져오게 된다. 이러한 과정은 비평의 주요한 사회적 기능 중의 하나로서 사회 문화적 공동체의 '성격과 기풍'을 결정하는 '정전'을 구성하는 일이며 제한된 숫자의 작품들을 제도화하는 일이다. 그렇기 때문에 정전의 구성과 해체는 유동적이다. 정전의 구성과 해체가 비평적 판단의 결과라고 해서 비평에 주관성이라는 혐의를 씌우는 것은 합리적이지 않다. 오히려 그가 강조한 대로 '정전을 만

들어 내는 것이 비평의 과정'이라는 점은 비평을 해당 공동체의 사회 문화적 관습이나 가치, 역사 등이 창출해 온 관계를 적극적으로 고려하고 그 가치를 평가하는 과정이나 결과로 인식해야 한다는 것을 의미하기 때문이다.

요컨대 평가적 비평에 대한 부정적인 태도를 감안한다 하더라도 비평의 본질이 텍스트에 대한 주체의 가치 평가에 있다면, 평가적 기능은 해석과 함께 비평에서 선택 사항이 아니라 비평이 가동해야 할 기본적 항목이라고 할 수 있다. 이때 가치 평가는 텍스트와 주체 간의 '관계'를 통해 발생하고 생산되는 개념이다. 따라서 비평에서 평가적 기능을 활성화하기 위해서는 텍스트와 주체 간의 관계에 대한 인식 그리고 그에 대한 해석이 전제되어야 한다. 같은 텍스트라도 주체가 해당 텍스트와 어떠한 관계 속에 있는가, 그리고 그것을 어떻게 해석하는가에 따라 가치 평가가 달라질 수 있기 때문이다.

2. 비평에 대한 경험적 접근

1) 비평 현상과 비평 주체

(1) 비평 현상의 성격

이번 절에서는 비평의 교육적 성격을 모색하기 위해 비평을 '비평 현상'으로 전제하고 논의를 시작한다. '현상으로서 비평'을 이해하는 것은 비평을 '살아 움직이는 작용태'로 파악하려는 의지이다.

문학 교육의 대상을 문학이 아닌 문학 현상으로 인식해야 한다는 선구적 시각은 구인환 외(1988)이나 박인기(1993)에서 제안된 이후 문학 교육에서 보편적으로 용인되어 온 관점이다. 그럼에도 불구하고 이 연구에서 새삼스럽게 강조하는 이유는 '비평 현상'이라는 용어가 인문학으로서 비평 연구와 응용과학으로서 비평 교육이 가지는 본질적 차이를 정립하는 기본 개념으로 작용할 수 있기 때문이다.

'현상으로서 비평'은 비평의 장르적 권위와 비평 담론의 생산에 주목해 온 인문학적 비평 연구와 달리 텍스트가 소통되는 문학적 전통이나 사회 문화적 환경, 학습자의 상황 등이 서로 참여하고 개입하는 양상에 주목하기 때문에 다음과 같은 교육적 성격을 지닌다.

첫째, 비평 교육에서 주목해야 하는 '비평 현상'은 텍스트와 독자, 작가, 그리고 사회 문화적 맥락이 개별적으로 관련되는 것이 아닌 이들 요소들이 서로 작용하고, 처리하며 새로운 의미가 창출되는 관계적 성격을 지닌다. 이는 평가함으로써 우리는 '대상의 다양한 등급들 사이의 구분 뿐만 아니라 대상에 대한 우리의 관계, 태도와 관련된 구분도 하'기 때문이다(Menke, Christoph, 2013, 2015:66). 멘케는 평가적 판단이 "대상의 양태 Sosein가 우리 주체들에게 무엇을 의미하는지도 말한다. 그것은 가장 단순한 경우에 대상을 맛보는 것, 즉 우리에게 어떤 특정 대상이 혹은 더 정확히 이 대상에 대한 우리의 관계가 즐거움이나 심지어는 쾌감을 지니고 있는지 아닌지를 말함으로써 발생"한다고 주장한다. 비평 주체가 대상을 평가하는 전 과정에서 동의나 거부, 호감이나 비호감의 선택은 주체가 하나의 대상에 대해 취하는 관계의 표현인 것이다. 따라서 비평은 본질적으로 관계를 전제로 하고, 관계를 바탕으로 성립된다. 둘째, '비평 현상'은 비평을 텍스트를 단순히 수용하는 것에서 끝나는 것이 아니라 비평 주체가 그것의 가치를 인식하고 그로부터 새로운 의미를 추출하여 자신의 삶을 의미 있게 창조하는 활동으로서의 수행적[16] 성격을 지닌다. 셋째, '비평 현상'은 비평 주체의 평가 자체가 중요하다기보다는 평가의 형성에 기여할 수 있는 자료와 그에 대한 발견적이며 산파술적인 계기에 주목한다. 근거와 과정, 평가 간의 원활하고 순조로운 소통이야말로 현상으로서 비평이 견지하는 성격으로 작용할 수 있다.

이와 같이 비평 현상의 관계적, 수행적, 소통적 성격은 그간 비평 교육을 주도해 왔던 정태적, 구조적 접근 방식에 대한 근본적인 재검토를 요구한다. 특히 '현상으로서 비평'은 인문학적 비평 연구와 응용 학문적인 비평 교육을 변별하지 못한 채 시학적 비평 연구를 그대로 비평 교육으로 실행 온 그간의 관행에 탄력적인 관점을 제공할 수 있다. 비평 교육에서 '현상으로서 비평'의 인식과 수용은 독자로서 학습자와 텍스트를 관계적, 수행적, 소통적인 맥락에 위치시켜 비평의 실천적이고 역동적인 본성을 회복하는 데 기여할 수 있다.

그러나 비평을 현상으로 이해하는 보다 근본적인 까닭은 비평에 참여하는 의식을 강조하는 '현상' 개념이 텍스트를 인식하고 텍스

16) '수행적 성격'은 주디스 버틀러의 수행적 주체라는 용어에서 가져왔다. 버틀러는 강제와 규범의 구성적 권력 속에서 스스로의 수행성으로 미래를 향해 주체가 열려 있다는 관점을 제기하는데 이때의 행위 주체를 수행적 주체라고 한다. 수행적 주체는 담론과 권력이 구성하는 관계 속에서 형성되는 주체이다. 이에 관한 자세한 논의는 주디스 버틀러(2008) 참조.

트와 의식적으로 교섭하는 비평 행위와 상통하기 때문이다. 가령, 지금 내 책상 위에 한용운의 '님의 침묵'이 펼쳐져 있다고 하자. 이때 '나'는 이 시를 종이 위에 인쇄된 문자 언어로 기록된 물리적 구성물로 인식하는가? 그렇지 않다. 우리는 '님의 침묵'을 읽기 시작하면서 이 텍스트를 탄생과 소통 과정에 작용해 온 활동이나 조건들을 떠올리게 되고 그것들의 의미를 탐구하려고 시도한다. 따라서 내가 참여하여 읽고 있는 '님의 침묵'은 이미 하나의 현상이다. 누군가는 '님의 침묵'을 읽으면서 누군가를 어쩔 수 없이 떠나보낼 수밖에 없었던 지난날의 어떤 장면을 떠올릴 수 있다. 이것은 하나의 의미 현상이다. 그러나 또 어떤 이는 문학 시간에 배웠던 도저한 저항의식이나 절대자에 대한 사랑을 떠올릴 수도 있다. 이것도 역시 하나의 의미 현상이다. '님의 침묵'이 소통되는 과정에서 발생하는 다양한 의미들은 '님의 침묵'의 발생과 소통 조건들을 탐색하고 조정하는 과정에서 발생한 현상학적 사건들이다. 시 '님의 침묵'은 물리적이고 표상적인 텍스트가 아니라 다양한 의미의 사태들로 변화해갈 수 있는 '하나의 현상'인 셈이다. 따라서 비평이 '어떤 작품을 어떤 것으로 표상하는' 시도라는 점에서 사태의 본질을 탐구하는 하나의 '현상'으로서 비평을 이해할 필요가 있다.

그렇다면 하나의 동일한 현상('님의 침묵')이 서로 다른 의미의 사태들을 창출하는 것은 무엇 때문인가? 후설은 대상과 의식과의 관계에 따라 서로 다른 의미가 생산된다는 것에 주목했다.[17] 하나의

17) 후설 이론은 다음을 참조하였다. 에드문트 후설, 『순수현상학과 현상학적 철학의 이념들』, 이종훈 역(2009), 한길사; 박인철(2013), 『에드문트 후설: 엄밀한 학문성에 의한 철학의 개혁』, 살림; 박승억(2007), 『현상학, 철학의 위기를 돌파하라』, 김영사 등.

대상이 관점과 상황에 따라 다르게 인식되는 현상학적 사유는 텍스트에 대한 독자의 서로 다른 시각과 태도를 보여주는 비평과 상통한다. 어떤 현상의 의미가 달라질 수 있다는 사실 때문에 하나의 관점만을 고집하는 것이 아니라 그렇게 달라질 수 있다는 사실 자체를 자각하고 문제의 대상을 인식하는 것이야말로 비평적 태도이기 때문이다. 따라서 어떤 사건이나 사태의 의미를 탐구하는 작업으로서 비평은 이미 태생 자체가 현상적이라고 할 수 있다. 앞의 '님의 침묵' 시에서 독자의 능동적 개입에 따라 텍스트의 '님'은 독자의 지평에 다양한 '님'으로 변주될 수 있다. 의식의 능동성이야말로 대상에 대한 의식의 지향적 활동을 가능하게 하는 비평적 관계를 형성할 수 있다. 지향성은 넓은 의미에서 대상적인 것에 대한 의식적 관계를 의미하는 개념이라고 할 수 있다.[18] 의식이 대상에 대해서 갖는 관계를 지향성이라고 하지만 그것은 의식과 대상 간의 기계적 연결을 의미하는 것이 아니라 의식 작용의 본질을 가리킨다. '현상'을 '사물에 대한 우리의 경험 그 자체'[19]로 보는 견해 역시 같은 맥락인 셈이다. 현상학의 대표 슬로건 중의 하나인 '사물 그 자체에게로(to the things themselves)'라는 말은 현상에 대한 그 어떠한 선입관이나 관념을 유보시킨 채 직접적인 경험을 지식의 출발점으로 삼아야 한다는 현상학의 원리를 잘 드러내 준다. 이런 관점에서 인식 주체와 인식 대상을 연결하는 현상학적 기제로서 '지향성'은 비평에서

---

18) 위 각주17)의 서지 참조.

19) Loren S. Barritt · Ton Beekman · Hans Bleeker · Karel Mulderi ed. *(A) handbook for phenomenological research in education*, 홍기형 역(1996), 『교육연구와 현상학적 접근』, 문음사, 60쪽 재인용.

긴절한 개념이 될 수 있다. 비평은 외부의 대상이나 세계에 수동적으로 반응하는 것이 아니라 그 세계에 적극적으로 개입하고, 참여하는 지향적 활동이다. 그리고 의식과 대상의 지향적 관계는 어느 한 관계로 고정되지 않고 상황적일 수 있다. 비평은 의식과 대상이 서로 층을 달리하면서 중층적으로 얽혀 있는 지향적 관계를 그 각각의 영역에 맞게 자리매김하는 일이라는 점에서(박승억, 2007:80) 비평을 교육한다는 것은 '비평 현상'을 가르치는 것으로 이해할 수 있다.

비평 교육에서 비평 현상의 개념을 강조하게 되면 비평이 장르나 텍스트로 파악하는 관행에서 벗어나 수용자와 텍스트의 상호 교섭적인 작용을 강조할 수 있다. 텍스트를 생산자 중심으로 수용해 온 오랜 관습에서 수용자와 텍스트 간의 관계에 주목하는 관점이 탄력을 받게 된다. 이러한 전회는 상당히 중요한데, 예컨대 텍스트의 수용에서 수용자인 학습자의 권리와 위상을 제고할 수 있기 때문이다. 뿐만 아니라 학습자가 텍스트의 가치 평가를 정당화하기 위한 여러 가지 근거들을 탐색하고 확보하는 과정에서 텍스트 읽기의 즐거움, 비평의 즐거움을 경험할 수 있다. 이러한 관점은 문학 교실만 하더라도 비평 이론 수업이나 비평문 읽기 수업으로 고착되어 온 비평 수업에도 새로운 시각을 제안할 수 있다.

교육에서 중요한 것은 텍스트를 읽는 것이 아니라 텍스트를 잘 읽어내는 일이다. 교육이 인간과 세계라는 텍스트를 잘 읽어내고 해석하는 능력, 그리고 보다 좋은 삶을 실천하는 능력을 길러내는 것이기 때문이다. 교육이 해야 할 일은 인간의 경험을 과학적으로 조직하고 훈련하는 것이 아니라 인간과 세계를 해석하고 성찰하는 경험적 능력을 기르는 데 기여해야 한다. 따라서 교육이 길러내야 할 비평 주체 역시 대상과 주체, 세계와 인간이 형성하는 다양한 관계 속에서 바람직한 사회를 창출하는 가치를 가리어 평가할 수 있는 주체가 될 필요가 있다.

(2) 비평 현상과 관계적 주체

비평 교육이 비평을 관계적, 수행적, 소통적 현상으로 이해할 경우, 비평 현상에 관여하는 주체에 대해서도 고찰할 필요가 있다. 먼저 문학 교육에서 비평의 주체와 관련된 선행 논의 중 김성진(2004)을 주목할 수 있다. 이 연구는 1960년대 이후 김현이나 김윤식 등 일군의 비평가들의 실천적 비평, 실증적 비평이 비평적 자의식을 토대로 비평의 예술화나 전문화 경향을 강화했다고 보았다. 이러한 경향은 비평의 독자성이나 체계성을 통해 비평의 제도화에 기여하고, 비평을 독자적인 예술 장르로 파악하여 하나의 완결된 텍스트로서의 '실체', 즉 비평문을 강조하는 계기로 작용했다는 것이다. 물론 비평은 쓰기의 산물이자 읽기의 대상으로서 비평문이라는 실체적 의미를 지니지만, 텍스트의 의미가 어떻게 형상화되어 있는지를 밝혀내고 작품을 해석하여 평가하는 '활동'의 속성 역시 함의한다. 이 연구는 '활동으로서 비평'을 제안하여 그동안 문학주의 관점에서 예술적이고 전문적인, 이른바 '그들만의 리그'로 즐겨 온 비평 교육의 관행을 반성하고, 이른바 '활동으로서 비평'을 통해 비평의 교육적 의의를 탐색했다는 점에서 일독할 가치가 있다. 그런데 의아한 부분은 이 연구가 설정하고 있는 비평 활동의 주체의 성격에 관한 것이다. 이를테면, 이 연구는 '학교 교육을 통해 길러내고자 하는 인간상이 이성의 논리를 존중하는 근대적 주체의 상을 따르고 있으며 문학 교육이 목표로 하는 작품에 대한 감식력 역시 이성의 사용 능력을 존중하고 있다는 점을 고려'(2004:9)하고 있으며 나아가 비평 활동의 속성을 '칸트와 베버 그리고 하버마스에 이르는 근대적 이성의 분화에 대한 논의에 의존'(2004:8)하여 활동의 주체를 근대의 이성적, 합리적 주체로 읽어내고 있다는 점이다.

물론 주체는 선험적으로 존재하지 않는다. 주체는 일정한 제도와 규범, 준거들 속에서 형성되며 주체를 구성하는 내면 역시 일상적인 삶의 체계나 습속, 그리고 이들을 제한하고 통제하는 규율 권력이나 제도적 장치의 영향을 받는다(이종영, 2002:1-329). 이런 점에서 학교 교육은 근대적 주체 형성에 관여할 뿐만 아니라 전일적으로 봉사했다는 사실은 과언이 아니다. 교육 내용은 물론 교칙이나 각종 행사, 프로그램 등을 통해 교과·비교과 영역에서 개인의 삶을 제어하고 조절하며 주조해 왔다. 주체에게서 객체를 분리하고, 이성에게서 감성을 분리하여 근대적 주체를 형성하는 효율적으로 기여하는 덕목을 추출하여 교육해 왔던 것이다. 근대에 적합한 개인은 전근대적 세계와 결별하고 근대적 질서 체계에 적합한 '능동적으로 자제'할 줄 아는 '주체'인 것이다. 그런 점에서 근대적 학교는 이성이나 도덕, 규율, 내면화 같은 장치를 활용하여 근대적 주체를 형성하는 데 전일적으로 복무했다고 할 수 있다.[20] 따라서 이 연구가 대

20) 이런 점에서 근대적 제도로서 학교는 근대적 주체 형성의 기관으로 복무해 왔다. 이에 관한 상세한 논의는 김혜련(2008) 참조.

상으로 삼은 1930년대 비평은 이전의 전근대적이고 절대적인 사고와 결별하고, 세계와 사유의 중심에 개인을 설정하고자 하는 근대적, 주체적 의지를 보여주는 데 적절한 선택이었다.

그러나 이성에 기초한 근대적 패러다임이 위기에 직면하고 그에 따른 부정적 징후들이 가시적으로 전면화되고 있는 지금-여기에서 견고한 주체의 신화는 믿을 수 있는가? 세계의 중심, 인식과 판단의 중심으로서 주체에 대한 근대적 신뢰는 여전히 원만하게 소통되는가? 문학을 비롯한 예술 교육에서 요구되는 텍스트에 대한 정의적 반응 역시 이성의 사용을 존중하고 있다 하더라도 미래 의 교육이 추구해야 할 인간상을 도구적 이성으로 무장한 근대적 주체로 설정하는 것은 무리가 있다. 이성의 도저한 사용으로서 과학과 권력의 세계는 오히려 근대적 주체를 향한 견고한 신화를 회의하고 성찰하고 있는 것이다. 인간은 계몽적 이성이 주창하듯이 견고하고 단일한 모습으로 구성되지만은 않는다. 적어도 탈근대적 사유를 보이는 이들에게 '주체'란 언어적 기호에 불과할 뿐 아무런 실재적 의미를 지니지 않는다. 근대적 주체란 푸코식의 '바닷물에 곧 씻겨 내려갈 모래 위에 그려진 얼굴'이요, 데리다식의 '떠다니는 유령'인 셈이다. 따라서 도구적 이성 중심의 근대에 대한 종언은 동시에 근대적 주체의 해체나 소멸(푸코) 혹은 주체의 장례(라캉)를 의미하는 것이다. 물론 주체에 대한 탈근대적 해체의 욕망은 주체나 이성, 의미에 대해 과도하게 반발한 나머지 무정부주의적인 허무주의를 초래하기도 했다.

이런 점에서 '근원적 경험'이나 '지향', '관계' 등을 강조하는 현상학적 관점은 "부정적인 해체나 거부만을 근본적인 목표로 삼는 것이 아니라, 이러한 객관적 세계 아래에 은폐되어 있는 토대적 세계를 해명"하고 "객관적 이론적 시선에도 드러나지 않고 은폐되어 있는 미지의 원형에 도달하려는 이상"을 지시한다는 점에서 주목할 가치가 있다(문장수, 2004:268). 예컨대, 다음과 같은 상황은 어떠한가? 인터넷이나 SNS와 같이 정보 통신의 첨단적 발달은 지구상의 그 어떤 곳도 신비하고 불가해한 텍스트로 남겨두지 않는다. 디지털 화면을 통해 전 세계로 방출되는 프로그램은 단번에 미지의 세계에 드리워진 신비의 장막을 걷어낸 후 단지 하나의 텍스트로 사물화시킨다. 여기서 주목해야 할 것은 근대적 폭력에 대한 분노도, 탈근대적 허무에 대한 회의도 아니다. 현상학에 따르면 이 역시 세계에 대한 주체의 분리적 사유의 결과인 것이다. 중요한 것은 세계 자체도, 주체 자체도 아닌 세계에 대해 주체가 관계를 맺는 방식인 것이다. 동일한 텍스트라 하더라도 주체가 그것과 어떠한 관계가 형성되느냐에 따라 텍스트도, 주체도 새로운 모습으로 구성되기 때문이다. 이를테면 미세한 변화라 하더라도 주어진 자리를 벗어난 시선은 보이던 것을 보이지 않게 하고, 보이지 않던 것을 보이게 한다. 늘 차를 타고 지나던 거리를 어느 날 천천히 걸어가게 되었을 때, 그 거리가 매우 낯설게 느껴질 때가 있다. 이 자리에 상점이 있었던가, 이 길의 보도블록 색깔이 붉은색이었던가... 어느 새 그 거리는 '나'에게 낯익으면서도 매우 낯선 세계로 다가온다. '나'는 내게 들어온 '새로운' 거리를 인식하게 되고 그 거리와 새로운 관계를 형성하게 된다. '나'는 세계를 바라보면서 동시에 세계에 의해 다시 형성되는

'새로운' 주체가 된다. 이러한 주체를 두고 흄(David, Humm)은 '지각들의 다발'(a bundle or collection of perceptions)이라고 정의했듯이[21] 실상 주체란 세계를 대상으로 하여 인식하고 판단하는 존재가 아니라 세계 속에서 느끼고 감각하고 사유하는 모음인 셈이다. 흄이 말하는 '다발이자 모음'으로서 주체는 초월적으로 주어진 혹은 존재하는 동일성의 근원이 아니라 집합적인 지각으로서 속성을 함의한다. 이러한 집합적 성향(a bundle or collection)의 주체는 단일하지 않으며 회의하고 수정하며 또한 자신을 실험하는 과정에서 변화하며 복합적이고 구성적 성향을 지닌다. 그리고 이러한 집합적이고 복합적인 주체야말로 다양한 텍스트에 대한 인식과 분석, 해석이나 가치 평가 등을 핵심으로 삼는 비평이 주목해야 할 성격이라고 할 수 있다.

이러한 집합적 속성을 지닌 비평 주체의 입장에서 보면 문학, 미술, 음악, 영화 등은 물론 과학이나 사회, 문화 등이 산출하는 텍스트는 견고한 고정태가 아니라 새로운 세계를 열어주는 하나의 '존재 사건'이 된다. 비평 주체는 텍스트를 수용하는 과정에서 새로운 세계가 열리는 '존재 사건'을 경험하게 된다. 어떤 텍스트에 대한 비평적 수용은 주체에게 하나의 사건이 되고, 새로운 경험의 원천으로 작용한다. 말하자면, 텍스트를 수용하는 주체를 새로운 역사적 순간으로 진입시키는 계기로 기능하는 셈이다. 주체는 텍스트에 인지적, 정의적으로 개입하는 과정에서 심리적이고 정서적인 변화를 경험하고, 이러한 변화는 텍스트에 대한 주체의 참여적이고 관계적

---

21) Hume, David, *A Treatise of Human Nature,* L.A. Selby-Bigge and P.H Nidditch ed, Oxford: Clarendon Press, 1978. 정재식(2007:47)에서 재인용.

인 의식에 기인한다. 이 연구는 주체의 관계성에 주목하여 비평을 수행하는 주체를 '관계적 주체'로 호명하고자 한다.

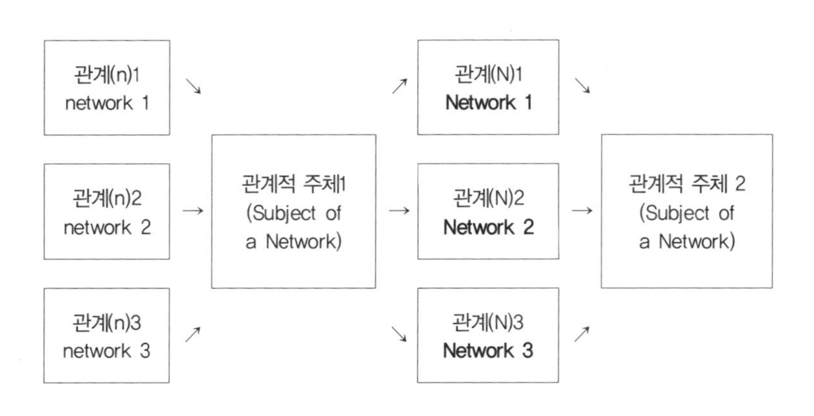

[표 2] 관계(n)과 관계적 주체(Subject of a Network)

주체는 다양하고 복합적인 관계들을 통해 형성된다. 이때의 관계들을 소문자 n으로서의 관계들(n1, n2, n3...)로 볼 수 있고 n으로서의 관계들을 통해 형성되는 주체를 '관계적 주체 1'(Subject of a Network1, SN1)이라 할 수 있다. 그리고, 이 주체(SN1)은 다시 주체(SN1)이 형성하는 또 다른 관계들 N(N1, N2, N3...)을 통해 새로운 '관계적 주체 2'(Subject of a Network2, SN2)로 구성될 수 있다. 이 그림에서 알 수 있듯이 새로운 주체의 형성에는 기존의 관계들 위에 새로운 관계들이 작동한다. 따라서 하나의 주체를 이해하기 위해서는 주체가 맺고 있는 다양한 관계들을 주목하고 살펴야 한다. "자아에서 자아로 가는 가장 짧은 길은 언제나 타자를 통하는 길이다"(리처드 커니, 2004:340)라는 커니의 명제가 시사하듯 타자를 포함하는 관계는 주체의 형성과 실현에 절대적인 역할을 하는 것이다. 관계는 주체를, 주체는 다시 관계를 형성한다. 주체는, 언제나 관계이다.

한편 라자러스들(R. S. Lazarus · B. N. Lazarus)은 관계를 가치 판단의 관점에서 인식하고 있는데, 예를 들면, 비평에서 '일어나고 있는 일에 우리와 관련된 뭔가가 걸려 있는지' 즉, '어떤 목표가 관련되어 있는지' 그리고, '가치 판단'을 어떻게 할 것인지가 중요하다고 보았다. 텍스트의 가치를 판단하고 평가하는 것은 텍스트가 관계 맺는 다양한 현상들을 연동하는 사유 방식이 중요하다는 것이다. 따라서 관계에 대한 인식은 가치 평가가 핵심인 비평에서 반드시 거쳐야 할 단계인 셈이다. 이때 비평의 주체는 앞서 얘기했듯이 주체를 둘러싸고 있는 다른 수많은 현실적 존재들과 맺고 있는 관계의 양상에 따라 그 성격이 결정되는 관계적 모습을 지닌다. "현실적 존재의 생성 방식이 그 현실적 존재의 모습을 결정한다"(화이트헤드, 1978:22)는 시각이야말로 현상으로서의 비평을 실천하는 주체의 모습과 소통 가능하다. 비평 현상의 관계적, 수행적, 소통적인 성격 역시 관계적 주체가 세계와 관계 맺고 소통하는 과정에서 형성하는 비평의 성격이라고 할 수 있다.

2) '비평 경험'의 개념화

앞에서 강조했듯이, 비평 주체로서 학습자가 비평 과정에 능동적으로 참여할 때 그것은 학습자에게 '하나의 경험'으로 인식되고 이때 비평은 수동적인 고정태에서 벗어나 적극적인 경험태로 성격이

전회될 수 있다. 비평 경험은 일상적이고 산만한 경험이 아니라 텍스트에 집중하고, 긴밀하게 개입하는 과정에서 취득 가능한 '하나의 완결된 경험'이다. 비평에 대한 개념적 전회는 비평 과정에 대한 주체의 능동적인 인식과 참여를 요구하고 그 결과 하나의 완결된 경험으로서 비평 경험을 창출할 수 있다.

이 절에서는 비평에 대한 경험적 접근의 가능성을 고찰하기로 한다. 이러한 의도는 비평이 수용자에게 텍스트에 대한 해석의 즐거움을 안내하는 정도를 넘어서서 텍스트를 통해 인간과 세계를 음미하고 그 가치를 평가하는 경험을 제공해야 한다는 연구자의 의지와 관계가 깊다. 따라서 이 절에서는 경험으로서 비평의 성격과 미적 경험과 비평 교육의 관계에 대해 살펴봄으로써 미적 경험으로서 비평, 즉 비평 교육에서 '비평 경험'의 교육적 가능성을 타진하고자 한다.

(1) 비평에 대한 경험적 접근

'경험으로서 비평'은 비평을 주체와 세계의 상호 교섭의 과정으로 이해하는 경험의 관점이 투사된 개념이다. 듀이식으로 표현하면, 인간의 삶은 단순히 환경 '속에서' 영위되는 것이 아니라 환경이 있기 때문에 가능한 것, 정확히 말해 환경과의 상호 작용을 통해 영위되며 이때 인간의 삶과 환경의 교섭 작용, 즉 세계와의 능동적이고 지속적인 교섭을 '경험'으로 본다. 경험의 계속적이고 교섭적인 성격은 경험을 인간의 일시적 욕망이나 감각이나 일정한 질서나 체계 없이 충동적으로 행해지는 것 혹은 인간의 성장이나 발전과 무관하게 정지되거나 정체된 어떤 행위를 지칭하는 것으로 이해하는 것을 경계한다.

> 경험은 일정한 리듬을 가지고 변화하는 것이며, 변화하는 리듬 속에서 발전하는 것이다. 그리고 경험은 이러한 주기적 변화와 발전을 통해서 안정과 균형 상태를 유지해 가는 것이다. 궁극적으로 경험은 살아 있는 생명체가 사물의 세계에 대해 노력하고 성취한 결과로 이룩한 상태를 의미한다(Dewey, John, 1934, 2016:50).

듀이는 '경험'을 변화와 발전, 안정과 균형 상태가 일정한 리듬을 타고 지속적으로 구성되는 것으로서, '살아 있는 생명체가 사물의 세계에 대해 노력하고 성취한 결과로 이룩한 상태'로 인식한다. 따라서 어떤 일을 시작했다가 외부의 장애나 내부의 무기력 등의 이유로 포기하는 경우는 '경험'(An experience)이라고 보기 어렵다. 인간은 환경과의 지속적이고 능동적인 경험을 통해 변화하고 성장, 발전하여 안정과 균형 상태에 도달하게 된다. 그러나 인간의 삶에서 경험에 대한 인식이 중요하다고 해서 모든 경험을 교육적인 것으로 볼 수는 없다(Dewey, John, 1938, 2011:15-50). 어떤 경험은 변화하는 리듬 속에서 이후 경험과의 관계를 통해 서로 확장하고 통합되면서 개인의 성장을 가져오지만, 어떤 경험은 성장을 억제하거나 왜곡하는 결과를 낳기 때문이다. 여기서 인간의 성장에 의미 있게 기여하는 경험은 전자로서 듀이는 이 경험을 일상적 경험들과 구분하여 '교육적 경험'으로 호명했다.

따라서 학교는 학습자의 지속적인 성장에 기여하는, 다시 말해 학습자의 인지적, 정의적 능력이 성장할 수 있도록 역사적, 사회·문화적으로 구성된 가치를 바탕으로 하는 경험을 선정하고 제공할 필요가 있다. 물론 이 경험은 사회적 가치 체계가 격려하고 권장하는 방향으로 구성되어야 하며 이후의 새로운 경험을 확장하면서 통합할 수 있는 긍정적 가치를 지니는 '바람직한 경험'이어야 한다. 교육적으로 바람직한 경험은 사회의 가치 체계나 이념, 인간이 지녀야 할 덕목 등을 학습자가 올바르게 사유하고 판단할 수 있는 능력으로 전이될 수 있기 때문이다.

정보나 지식의 급격한 증가, 다양한 문화의 충돌과 그로 인한 가치의 다원화와 분쟁, 첨단 기술과 디지털화에 따른 인간 소외 속에서 사회적 존재인 학습자가 인간으로서 자신과 세계를 건강하게 바라보고 바람직한 가치를 주체적으로 선택할 수 있는 능력이야말로 이 시대에 긴절하게 요구되는 능력인 것이다. 바람직한 가치를 선택하고 주체적으로 지향하는 비평적 능력은 '개인의 내면을 바르고 건정하게 가꾸는 데 필요한 인간다운 성품과 역량'은 물론 '타인·공동체·자연과 더불어 살아가는데 필요한 인간다운 성품과 역량'을 강조하는 인성 교육의 지향과도 행복하게 조응할 수 있기 때문이다(정창우 외, 2014). 학교는 개인의 바람직한 성장을 함의하는 교육적 경험의 관점에서 학습자가 지적, 정서적, 도덕적으로 바르게 성장할 수 있도록 비평 교육 내용을 구성할 필요가 있다.

그동안 학교 교육은 학습자들이 직접 경험하기 어려운 삶의 다양한 국면들을 문학이나 미술, 음악, 영화 등 인간과 삶의 가치를 문제시하고 주체적으로 형상화한 다양한 텍스트를 제시하여 학습자와의 만남을 주선해 왔다. 학습자는 문학 작품을 읽으면서, 그림을 보면서, 혹은 음악을 들으면서 하나의 텍스트로 구현된 삶을 경험하면서 사고를 확장하고 심화해 왔다. 인간과 세계가 빚어내는 다기한 균열과 갈등, 파국이나 화해 등을 다기한 형식으로 형상화한 텍스트를 통해서 학습자는 삶의 가치에 대해 사유하고 판단하고 궁극적으로 주체적으로 평가하는 경험을 하게 된다. 그리고 이때 학습자가 하는 경험의 세부 요소들은 텍스트, 해석, 가치, 평가 등을 핵심 요소로 하는 비평적 과정이나 활동을 구성하는 요소와 다르지 않다.

좀 더 적극적으로 말하자면, 학습자와 텍스트 간의 소통에서 해석이나 판단, 그 과정에서 가치의 발견과 판단 등 학습자의 지적, 정의적, 도덕적 성장을 가져오는 비평적 과정이 '텍스트 세계와 학습자가 만나서 의미를 재구성하는 것, 그리고 이를 통해 주체가 변화하고 성장하는 것, 이 모두가 경험 교육을 구성하는 본질적인 요소'(최홍원, 2015:30)이기 때문이다. 따라서 학교 수업에서 문학이나 미술, 음악 등 다양한 텍스트를 경험하는 비평적 활동은 학습자의 경험을 질적으로 성장시키는 교육적 경험으로 접근될 필요가 있다.

(2) '비평 경험'의 개념

그런데 교육적 경험에 대한 강조가 선언적 구호에 그치지 않고, 교육의 목적론적, 방법론적 가치를 전유하는 개념으로 전이하기 위해서는 그 의미를 교육 철학적 관점에서 한정할 필요가 있다. 이 연구는 학습자의 성장과 변화를 가져오는 교육적 경험의 철학적 의미를 '일종의 미적 경험'으로 전유하고자 한다. '미적 경험'은 신비한 감각적 체험에서 난해한 예술 작품을 이해하는 과정에 이르기까지 범주가 다양한 만큼 개념 역시 정의 내리기가 쉽지 않다. 방대한 철학, 미학의 역사를 통해 미적 경험에 대한 다양한 접근들 속에서 미적 경험을 명료하게 이해하려는 시도 또한 적극적으로 모색되었다.

(가) 【미적 체험】 자연 대상이나 자연의 광경, 인공품 가운데서는 특히 예술 작품을 대상으로 하여 그 감각적인 미질(美質)을 맛보고, 나아가 기술적, 정신적인 구축물인 예술 작품의 경우에는 그 제작 기법을 평가하고, 거기서 끊임없이 의미를 탐구하고 다양한 해석의 가능성을 비교 고찰하면서, 전체적 사상을 파악한다는 감각적이고 기술적, 또 지적인 다층적 이해의 역동적인 과정을 말한다(佐佐木健一, 2002:317).

(나) 【미적 경험】 우리의 관심이 매 순간 개입되는 경험과 그 이상의 경험-매 순간이 다음 순간에 대한 적극적인 관심을 창출하고, 이렇게 증가된 관심에 의해 경험의 '절정' 속에서 이 모든 것이 상호 연결되는 경험을 하게 된다. 여기서 미적 경험은 그것을 구성하는 경험들이 서로 연결되어 경험되고 그것이 하나의 절정을 중심으로 상호 연결되어 있다는 점이다(미학대계간행회, 2007:14).

(가)의 논자는 먼저 미적 경험이 주로 과거의 것과 친연성이 있다는 일본 언어문화의 관습에 따라 미적 체험이라는 용어를 사용하기를 원한다. 이 논자는 미적 체험의 대상을 자연 대상, 자연의 광경,

그리고 인공품 중에서 특히 예술 작품 등으로 제시하며 이들 대상을 감각(맛보고), 평가, 탐구, 해석하는 것이 미적 체험의 다양한 양상이라고 설명한다. 그리고 이러한 미적 체험은 감각적, 기술적, 지적, 다층적 등의 복합적인 성격을 지니는 것으로 보고 있다.

(나) 역시 미적 경험이 상호적, 복합적 성격을 지닌다는 사실에 동의한다. 미적 경험은 '단순한 지각상의 인지적 활동'만이 아니라 더 복잡하고 빠른 속도로 진행되는 고차원의 인식적 활동 그리고 그로부터 발생하는 우리의 정서상의 활동이 뒤얽혀 있다'. 따라서 예술 작품을 주목할 때는 '대상의 현상적 특성만이 아니라 그 작품이 생산되게 된 역사적 맥락 및 사회적 맥락에 대한 이해 등'을 함께 읽어야 한다. 이때 일상적 경험과 구분되는 미적 경험의 성격이 드러난다. 일상적 경험이 우연적이고 평범하며, 느슨하고 무질서하게 일어나고 후속하는 경험과 서로 관련되지 않는데 반해 미적 경험은 경험들 사이의 상호 작용을 포함하고 통일되어 있으며 '완성'을 지향하는 '절정'의 경험이라는 것이다.

캐롤(Carroll, N.) 역시 미적 경험에 대한 복잡하고 다기한 논의들을 유형화하여 그러한 논의들이 가지고 있는 문제와 한계를 명료하게 지적함으로써 미적 경험에 관한 최소한의 정의를 내린 바 있다. 캐롤의 시도는 무엇보다도 미적 경험에 대한 다기한 갈래들을 잘 분리한 후 최소한의 미적 경험을 탁월하게 조각해 냈다는 의의가 있다. 그러나 미적 경험이 주체와 실천의 문제(헤르더)나 역사적·사회적 문제(아도르노)와 분리할 수 없을 뿐만 아니라 깊숙이 관련되어 있다는 사실에 대해서는 자유롭지 못하다는 점 역시 숙고할 문제이다

(최준호, 2013:282).[22] 근대 미학이 삶에서 예술을 분리하여 예술을 고립시켰다고 비판하고 '경험으로서의 예술'을 설득해 온 듀이 역시 유사한 맥락에서 주목 가능하다.

> 내가 다루는 문제의 핵심, 즉 '미적 경험과 일상적 삶의 긴밀한 관련을 회복하는 것'이라는 문제의 성격을 명확히 이해하는 데 도움이 되었을 것이다. 예술의 성격이나 문명 사회에서 예술의 역할에 대한 올바른 이해는 예술은 위대한 것이라는 식의 찬양에 의해 이루어지는 것도 아니며, 위대한 예술작품이라고 인정된 소수의 예술작품들만을 통해서 가능한 것도 아니다. 예술에 대한 올바른 이해는 앞에서도 지적했듯이 경험 세계로 되돌아가는 방법을 통해서 도달할 수 있다. 경험 세계로 되돌아간다는 것은 일상에서 마주치는 평범한 사물들에 대한 경험으로 되돌아가서, 그러한 경험이 갖는 미적 특성들을 찾아내는 것을 말한다....아무리 세련되지 못한 경험이라고 하더라도 그것이 진실로 '하나의 경험'이라면 일상생활에서 분리된 예술작품보다도 미적 경험의 본질적 성격을 이해할 수 있는 단서들을 훨씬 더 풍부하게 가진다. 이 단서들을 통해서 우리는 일상생활에서 즐거움을 얻는 대상들 속에서 있는 특징적이고 가치 있는 것들을 예술작품이 어떻게 강조해서 드러내고 표현하는지를 알 수 있다. 일상적인 경험의 의미가 제대로 밝혀질 때, 특

22) 캐롤은 미적 경험에 대한 정의를 감정(정서) 지향적 접근, 인식적 접근, 가치론적 접근, 내용 지향적 접근으로 유형화하여 이들 접근 방식이 미적 경험을 이해하기 위한 충분 조건, 필요 조건으로 적절한지를 분석하고 있다. 그 결과 미적 경험이라는 개념은 어떤 예술 작품의 미적 속성들(형식, 표현적 특성, 미적 특성 등)에 참여함으로써 얻게 되는 경험 과정을 기술해주는 기술적 개념뿐이다(Carroll, N., 2006:72). 미적 경험에 대한 캐롤의 개념화 방식을 비판적으로 검토한 최준호(2013)을 참조할 수 있다.

> 수한 공정의 과정을 거쳐 콜타르에서 염료가 추출되듯이, 예술 작품이 경험에서 특별한 공정의 과정을 거쳐 나왔다는 것을 제대로 이해하게 될 것이다(Dewey, John, 1934, 2016:33-34).

일상적 삶과 예술의 관계는 어떤 경험이 특별한 이유 없이 끝나버리거나, 이런 저런 이유로 도중에 그만둔 것과 같은 불완전한 경험에서는 이해하기 어렵다. 듀이는 만족할 만한 예술작품을 완성하는 것, 골치 아픈 문제를 해결하는 것, 경기를 끝까지 마치는 것 등과 같이 일상적 경험이 예정대로 끝까지 진행되고 잘 마무리되어 완결된 상태에 이를 때, 그 경험은 다양한 경험의 내용들을 그냥 모아놓은 단순한 집합체가 아니라 다양한 내용들이 긴밀한 관련을 맺는 통일체를 이루게 된다는 점에 주목했다. 이때의 경험이 그 자체로서 자족성과 완결성을 지니는 '하나의 경험'이라는 것이다. 어떤 경험을 '하나의 경험'으로 만들어 주는 것은 감각적 경험에 의해 주어지는 지각 내용들을 단순한 재인을 넘어서서 강렬하게 인식하는 것이며 이러한 경험이야말로 심미적 질성을 갖게 되는 미적 경험이라는 것이다.

미적 경험은 특정 활동에 따라 어떤 영역의 속성이 좀더 두드러지게 나타나는가가 다를 뿐 하나의 경험 안에 인지적, 정의적, 실천적 영역의 속성을 내포한다. 인지적, 정의적, 실천적 영역을 모두 포함하고 있기 때문에 완전하고 이상적인 경험으로서 교육적 경험의 원형이라고 할 수 있다(Dewey, John, 1934, 2016:88-129). 문학 교육에서 '학생들이 문학 작품에 대해 생각하도록 하기보다는 그것을 경험하도록 돕는 방법을 강구해야' 할 필요를 강조한 밀러(Miller, B., 1981: xiv) 역시 텍스트에 형상화된 허구적 세계의 존재를 인식하는가에서 나아가 독자가 상상을 통해 타인의 감정을 이끌어낼 수 있는 세계로서 텍스트를 경험하는 것이 중요하다고 보았다.

결국 비평은 텍스트에 대한 사실적 이해를 초월하여 텍스트를 비평 주체의 삶으로 관련시킬 수 있는 경험적 성격을 고려해야 하는 것이다. 비평 교육에서 미적 경험에 주목하려는 이유도 이러한 맥락에서이다. 현상으로서 비평은 비평 주체가 다양한 텍스트들 중에서 주체가 의미 있다고 판단한 하나의 텍스트에 인지적, 정의적으로 참여하여, 텍스트의 다양한 소통 관계와 맥락을 고려하여 텍스트의 가치를 평가하는 실천적 행위를 중심으로 하는 경험이기 때문이다. 문학이나 미술, 영화 등 어떤 텍스트를 대상으로 비평 행위를 한다는 것은, 해당 텍스트가 맺고 있는 관계망(해당 텍스트가 생산된 역사적, 사회적, 문화적 맥락 등, 해당 텍스트와 교섭적 관계를 형성하는 수직적, 수평적 텍스트들 등)에 인지적, 정의적으로 개입하여, 텍스트와 소통하고 그 가치를 판단하게 된다는 것을 의미하기 때문이다.

비평 과정이 곧 미적 경험의 과정으로서, 비평 경험은 인지적, 정의적, 실천적 가치를 지향하는 평가적 경험이고, 일상적 경험을 토대로 하며, 비평 주체의 교육적 성장에 기여하는 경험을 말한다. 그중 첫 번째 평가적 경험에 대해서는 앞에서 언급했으므로 여기서는 두 번째와 세 번째에 대해 좀더 살펴보기로 한다.

비평 경험이 일상적 경험을 토대로 한다는 것은, 미적 경험과 일상적 경험이 질적으로 상이한 경험이 아니라고 인식하는 것이다.

현재 사용 중인 다양한 의식주 관련 물품과 박물관에 전시되어 있는 생활용품을 구분할 수 있는가? 내가 사용하는 의자와 미술관의 의자는 어떻게 다른가? 엄밀히 따져 보면 박물관에 안전하게 보존되어 있는 그릇도, 코수스(Kosuth, Joseph)의 「하나이자 셋인 의자 One and three Chairs」(1965, 뉴욕현대미술관 소장)도, 나아가 고흐(Vincent Van Gogh)의 「감자먹는 사람들 The Potato Eaters」(1895, 반 고흐 미술관 소장)이나 뭉크(Munch, Edvard)의 「엄마의 죽음 The Dead Mother and the Child」(1897-1899, 뭉크미술관 소장)도 모두 일상적 경험의 산물이다. 미적 경험은 일상 경험과 이질적인 영역을 형성하지 않는다. 미적 경험을 일상적 삶에서 찾고자 한 것은 미적인 (불)쾌가 일상적인 삶의 과정에서 산출되기 때문이다. 코수스의 의자는 일상에서 의자의 사용 경험을 토대로 한 개념적 질문이고, 고흐로 재해석된 농부의 손 역시 고된 감자 농사를 하는 농부의 삶에 대한 회화적 형상화이며, 뭉크의 죽음 역시 여섯 살 어린 뭉크가 경험한 어머니의 죽음을 시각적으로 표현한 것이다. 미적 경험은 일상적 경험에 대한 개성적인 집중의 결과인 셈이다.

[그림 8] 「감자먹는 사람들 The Potato Eaters」 (Vincent Van Gogh, 1895, 반 고흐 미술관 소장)

또한, 미적 경험은 경험 주체의 질적 성장과 관계가 깊다. 미적 경험의 주창자들은 예술 작품을 탁월한 진리의 고정된 심급으로 이해하는 전통적 미학에서 벗어나 '하나의 작품이 어떻게

[그림 9] 「엄마의 죽음 The Dead Mother and the Child」 (Munch, Edvard, 1897-1899, 뭉크미술관 소장)

예술 작품이 되는가?'라는 물음을 던지며 수용자가 예술 작품을 인식하고 평가하는 과정이나 태도를 중시해 왔다. 미적 경험은 경험 일반의 속성을 지니는 동시에 텍스트에 대한 수용 주체의 내적 변화를 일으키는 경험이다. 일상에서 자연적으로 형성되는 경험은 경험의 범위와 수준이 다양하기 때문에 내적 변화 역시 개별적이고 일시적이다. 이를테면 수용 주체로서 학습자는 텍스트와 쌍방향적 관계 속에 있지 않다. 그가 텍스트를 경험하는 과정은 다원적이고 입체적인 작용에 의해 형성되는 복합적인 맥락 속에 있다. 따라서 학습자가 처한 맥락에 따라 텍스트에 대한 수용 양상도, 텍스트의 가치도 달라질 수 있다. 따라서 미적 경험은 텍스트, 주체, 맥락 등이 형성하는 관계(network)의 변화에 따라 경험 주체인 학습자를 질적으로 변화, 성장시키는 경험이다.

이상의 논의를 바탕으로 '경험으로서 비평, 즉 비평 경험'의 개념을 이해하기로 하자. 먼저 '경험으로서 비평'에서 '비평'은 시, 소설, 수필, 희곡 등과 같은 갈래로서의 비평이 아니라, 주체와 텍스트가 상호 교섭하는 과정으로서의 현상으로서 비평을 의미한다. 갈래로서의 비평은 현상으로서 비평의 일정한 표현의 결과이기 때문에 그 자체로 글쓰기 산물이라는 점에서 '현상으로서 비평'과 구별할 필요가 있다. 비평 경험의 교육적 가능성을 탐색하기 위해서는 쓰기 결과물로서 비평 텍스트보다는 비평 과정에서 작동하는 해석과 가치 평가적 사고의 메커니즘에 대한 주목이 요구된다. 가치 평가야말로 비평의 본질이라고 보았던 르네 웰렉의 견해 역시 구체적 생산물로서 비평 텍스트보다는 비평의 과정과 본질에 대한 이해의 결과였던 셈이다. 그리고 '경험으로서 비평'에서 '경험'은 앞에서도 강조했듯이 "개인의 감정이나 감각에 갇혀 있는 것이 아닌 세계와의 활발한 교제다. 여기서 최고의 경험은 자아와 대상, 그리고 사건과의 사이에 완전히 상호 침투하는 것"으로서의 경험을 말한다. 이 상호 침투의 과정이야말로 일상에 대한 경험 주체의 실천적 비판의 과정이라고 할 수 있다.

이와 같이 '비평'과 '경험' 두 용어에 대한 개념적 이해를 바탕으로 '비평 경험'의 요소를 이해할 수 있다. 먼저 '비평 경험'의 주체는 근대의 이분법적 논리를 바탕으로 타자를 전제로 하는 근대적 주체가 아니라 탈근대적 맥락에 대한 이해를 전제하는 관계적 주체이다. 그리고 '비평 경험'은 주체가 텍스트를 수용하고 가치를 평가하는 과정으로서 비평 활동과 활동의 결과로서 새로운 가치를 창조하고 실천함으로써 주체의 성장에 질적으로 기여하는 비평 활동을 포함한다. 따라서 비평 경험의 주체와 관계, 과정, 실천을 바탕으로 비평 경험을 개념화하면 다음과 같다.

비평 경험	① 비평 현상에 대한 관계적 사고를 바탕으로 ② 텍스트에 대한 해석과 가치 평가의 선순환적 과정을 통해 ③ 비평 주체의 성장과 삶의 실천에 기여하는 경험

제 5 장

비평 경험을 위한 교육적 정합성 개발

비평 경험을 위한 교육적 정합성 개발

1. 비평 경험의 생태학적 요소

이 장에서는 지금까지의 비평 경험에 대한 개념적 이해를 바탕으로 비평 경험의 교육적 수행을 위한 범주와 요소를 추출하기로 한다. 비평 경험 교육에서 대상 텍스트와 비평 주체, 비평 환경 등은 독립적으로 존재할 수도, 작용할 수도 없다. 비평 경험을 구성하는 요소들은 비평 경험을 수행하는 과정에서 서로를 전제하거나 함께 연동되면서 비평 경험의 생태적 네트워크를 형성한다. 학습자나 교사는 복잡하고 다원적인 현대 사회에서 텍스트를 발견, 해석, 공감하는 주체적 변인으로, 텍스트는 자기(시대)에 대한 미학적 해석, 판단, 평가의 결과물로서, 작가 · 독자, 교사 · 학습자, 시대 현실에 던져진 텍스트적 변인으로, 비평 환경은 이들을 가능하게 하는 맥락 변인 등으로 비평 경험의 교육적 생태에 작용한다. 따라서 비평 경험 교육에서 생태학적 사유는 비평 경험의 교육적 범주를 입안하고 구성하는 데 유효한 관점이 될 수 있다. 미래 지향의 교과일수록 교과의 성격을 조절하고 문화 생태에 적응하는 능동적 노력을 기울여야 한다는 생태학적 인식(박인기, 2012:26)이 현재의 분절적이고 파편화된 비평 교육의 양상을 성찰하여 비평 경험이라는 개념 아래 통합적으로 진화시킬 수 있는 토대로 기능할 수 있기 때문이다.

주지하듯이 생태학은 근대적 의미의 이성 중심주의, 인간 중심주의를 해체하여 '관계의 휴머니티'(신철하, 2006:444)를 제안한다. '관계'에 대한 생태학적 인식은 헤켈(Haeckel, E. H.)이 '모든 상관관계에 대한 학문'으로 생태학을 정의내린 이래 서구 생태학의 키워드로 정착해 왔다. 그러나 생태학적 관계에 대한 사유는 동양의 학문과 사상에서는 그다지 새로운 것이 아닐 뿐만 아니라 오랜 기간 동양의 철학과 사상을 형성하고 추동해 온 동력으로 작용해 왔다. 서양 철학이 분리주의 세계관을 기반으로 발달되어 왔다면 동양 철학은 유기체적 세계관을 토대로 학문과 예술, 사상을 주조해 왔던 것이다. 현세를 초월하거나 내세에 귀의하는 데 경도되지 않고 현세/내세 그리고 인간/자연을 함께 인식하는 인도의 힌두교나 '연기(緣起)', '공(空)', '무자성(無自性)', '무아(無我)' 등을 사상의 지반으로 삼아 인간과 자연을 '상호 의존하고 존중하는 관계'로 인식하는 불교 역시 그 사상적 지향은 생태적 관계에 대한 철학적 통찰을 향하고 있다. 뿐만 아니라 '인본주의'나 '인문주의', '인간 중심주의'로 상징되는 유교 역시 도덕성의 근원과 생명의 원리를 자연에서 탐색하고, 행복하고 바람직한 사회를 인간과 자연과의 합일에서 모색한다는 점에서 유기체적이고 전일적인 세계관 즉 생태적 사유를 보여준다고 할 수 있다.[1)]

그러나 동서양의 철학이 공통적으로 생태학적 관계성을 강조해 왔다는 사실만으로 비평 경험의 교육적 수행에 생태학적 관점의 정합성이 성립된다고 볼 수는 없다. 비평 교육을 생태주의라는 이념적, 철학적 패러다임으로 인식할 경우 기존의 시학적 관점이 포착하지 못했던 비평 교육의 새로운 면모가 부각될 수 있어야 하기 때문이다. 이 절에서는 비평 경험의 교육적 수행을 위한 생태학적 관점으로 '관계'를 존재의 근원으로 사유하는 화이트헤드(Whitehead, A. N.)의 철학적 관점[2]에 주목하고자 한다.[3]

화이트헤드는 주로 실체 중심의 사유를 강조한 서양 주류 철학에 대하여 존재는 상호 의존적인 관계를 통해 창조적인 전진을 지향한다는 과정적 사유를 전개했다. 화이트헤드는 존재 자체가 아닌 존재 '사이에' 일어나는 변화에 주목하여 "형이상학의 요지는, 실재를 위해서 한 요인이 다른 요인에게 어떤 측면을 제공하는 상호 내재

1) 물론 서구의 표층 생태론이나 심층 생태론의 구별과 같이 동양의 생태학적 사유 역시 생태의 개념이나 생태적 관계의 성격이나 방향 등에 따라 질적인 차이를 노정해 왔다.
2) 화이트헤드(Whitehead, A.N.)는 기존의 과학적 유물론과 기계적 자연관, 주체 중심 철학을 비판하고 이른바 '유기체 철학'을 정립했다. 화이트헤드 자신은 자신의 철학을 유기체 철학이라고 불렀으나 오늘날에는 '과정철학'으로 더 많이 불리고 있다.
3) 화이트헤드의 교육 철학을 생태 철학으로 읽어내는 입장은 화이트헤드가 경험 개념을 도입하여 인간 이외의 자연적 존재들도 본래적 가치를 소유하고 있다고 주장한다는 점, 둘째, 화이트헤드가 생명 간의 상호 의존성과 상호 보완성을 강조한다는 점, 셋째 경험과 공감의 개념을 중심으로 인간을 전체와의 관계 속에서 규정한다는 점 등에 주목한다(David Ray Griffin, 1994: 190~206, 노희정, 2010:137~164). 본 연구 역시 화이트헤드의 교육 철학에 내포된 생태학적 세계관에 주목하여 그의 철학을 생태 교육적 철학으로 이해한다. 화이트헤드 자체가 교육 철학을 명시한 것은 아니지만 그의 이론적 관점이나 개념들은 교육 철학으로서 충분히 검토할 만한 의의를 함축하고 있기 때문에 그의 철학을 '비공식적인 교육철학'(Evans, 1998:47, 육근성, 2014:63 재인용)이라고도 한다. 교육 분야에서 화이트헤드의 철학에 관한 연구는 1987년 결성된 교육과정철학회(敎育課程哲學會)를 중심으로 활발히 이루어지고 있다.

에 대한 학설"(Whitehead, 1929, 1991: 118), 즉 내재성의 철학 혹은 관계의 철학을 축조했다.

그러나 화이트헤드의 관계 철학에서 강조하는 관계를 보편적이고 추상적인 개념으로 이해하는 것은 곤란하다. 그의 '관계'는 구체적인 개념이다. 가령 '중학교 2학년인 나는 오늘 국어 시간에 기형도의 「엄마 걱정」이라는 시를 읽었다'라는 경험적 진술을 보자. 여기서 '나'와 '기형도의 「엄마 걱정」'의 결합은 '나'라는 특수와 '기형도의 「엄마 걱정」'이라는 특수를 포함하는, "지구상의 실재적인 특수한 사실이지, 보편적 '사이'가 아니다"(Whitehead, 1933, 1997:359). 다시 말해 '나' 혹은 '기형도의 「엄마 걱정」'은 추상적 개체로 존재하는 것이 아니라 '중학교 2학년인 나'라는 현실적 존재가 '국어 수업'이라는 구체적 시공간에서 '기형도의 「엄마 걱정」'을 만남으로써 구체적인 관계로 결합된 것이라 할 수 있다. 그렇기 때문에 먼 후일 중년의 아버지가 된 '나'가 어머니의 임종 이후 '기형도의 「엄마 걱정」'을 다시 읽을 때의 경험은 이전의 경험과 질적으로 다를 수밖에 없게 된다. 중학교 2학년인 '나'가 텍스트의 관계를 형성해 온 과정은 중년의 아버지가 된 '나'가 텍스트의 관계를 형성해 온 과정과 비교할 경우 그 사이에는 질적으로 상당한 변화와 차이가 존재하기 때문이다. 이는 인간이 개별적이고 독립적으로 존재할 수 없고 타자와의 관계를 통해서 존재한다는 생태적 사유와 유사하다. 관계나 과정, 유기체, 경험 등에 대한 화이트헤드의 인식은 '관계의 휴머니티'를 지향하는 생태주의 사유와 접속 가능해진다. 화이트헤드 교육철학의 핵심 명제 중에서 생태주의와 호응할 수 있는 부면들을 정리하면 다음과 같다.

첫째, 화이트헤드는 학습자뿐만 아니라 교사, 환경까지 모두 유기체적 존재(Whitehead, 1929, 1991:40-44)로 인식한다. 화이트헤드는 인간을 우주 속에 존재하는 하나의 유기체적 존재로 상정하고 이러한 유기체가 세계와의 관계 속에서 획득하게 되는 경험의 확장과 관련하여 교육의 의미를 논하였다(Whitehead, 1929, 1991; 1929, 2004 등).[4] 화이트헤드는 유기체를 다양한 관계의 층위 속에서 변화하고 성장하는 '현실적 존재'로 이해한다. 현실적 존재는 복잡하고 상호 의존적인 경험의 방울들(drops of experience)(Whitehead, 1929, 1991:18)로서 단일한 경험조차 다양한 순간들과 관계 맺기 마련이다.

화이트헤드의 유기체에 내재하는 관계성은 비평 경험의 교육적 수행 과정에서 경험 주체로서 학습자(혹은 교사)가 텍스트나 다른 학습자, 교사(혹은 다른 교사), 세계 등과 복합적으로 형성하는 관계를 주목하고 인식할 필요가 있다. 화이트헤드의 관점에 따르면 비평 경험의 주체는 그들이 생성하는 생태적 조건 속에서 상호 의존적 존재(육근성, 2014: 70-71)이자 관계적 주체[5]로 탄생되어야 한다. 비평 교실에서 교사와 학습자는 텍스트의 독자라는 동등한 입장에서 교수·학습의 과정에 함께 참여하고 서로 영향을 주고받는 상호 보완적인 관계로 인식될 필요가 있다. 교사와 학습자가 함께 텍스트에

---

4) 인간을 세계 '속'에 존재하는 유기체로 규정하고 그 유기체는 자신이 속한 세계와 결코 분리할 수 없다는 관점은 화이트헤드가 듀이(Deway, John, 1859-1952)와 자주 비교되는 부분이다. 듀이와 화이트헤드는 인간을 하나의 유기체로 파악하려고 했던 점, 교육의 의미를 생활과 관련시키려고 했던 점, 교육에서의 과학의 원리를 중요시했던 점, 인식의 단계를 체계화시키려고 했던 점, 그리고 교과 간의 관계를 통합하려고 했던 점 등에서 공유하는 바가 많다(최현주·이병승, 2013:192-193)

5) 김혜련(2014)의 관계적 존재를 여기서 '관계적 주체'로 수정했다.

대한 비평 담론의 장에 참여하여 해석의 준거들을 공유하고 평가하는 과정에서 새로운 자아와 세계를 창조하는 데 초점을 맞추어야 한다.

따라서 관계적 주체로서 학습자는 텍스트를 교실 맥락(교사, 수업 상황 등) 은 물론 사회 · 문화적 맥락(작가나 독자, 역사, 사회 문화 등)과의 관계 속에서 인식하고 수용할 수 있어야 한다. 학습자는 현실 맥락과 무관한 진공 상태에서 텍스트를 수용하는 것이 아니라 자신이 놓여 있는 다양한 환경, 예컨대 교사, 교실 상황, 작가, 독자, 시대 상황 등과의 관계를 염두에 두며 텍스트를 읽고, 가치를 음미해야 하는 것이다. 평균 독자로서 학습자의 비평 경험은 어느 특정 순간에 발현되는 것이 아니라 학습자의 생태적 조건과 그에 따른 해석과 평가의 준거가 축적되면서 정교해지기 때문이다. 물론 비평 주체인 학습자에게 이미 형성된 가치가 다른 해석자나 해석 공동체의 준거와 평가를 통해 강화되거나 혹은 약화될 수도 있다. 그러나 화이트헤드 관점에 따르면 이러한 경험마저 현실적 존재를 구성하고 성장시키는 동력이 된다. 관계적 주체로서 학습자는 스스로를 형성해온 시간과 공간, 관계의 네트워크 속에서 형성된 준거에 따라 텍스트를 보는 시각이 형성되고 조정될 수 있다. 따라서 관계적 주체라는 개념은 비평 교육의 장에서 학습자가 자신의 관계망을 인식하고 강조할 수 있다는 점에서 독해할 가치가 있다.

둘째, 화이트헤드는 '앎의 과정'을 중시한다. '실재는 과정'이라는 명제로 요약 가능한 화이트헤드의 철학에서 존재는 변화하고 생성되는 과정에 있다. 이 세상 어떠한 존재도 사고의 주기와 발달의 과정이 동일하지 않다. 각 존재는 개인마다 다르게 경험하는 주기의 반복, 다시 말해 '리듬'을 갖는다. 세계를 살아가는 유기체로서 학습자에게 이전의 경험은 다음 단계의 경험과 연속적으로 상호 작용하고 통합되어 앎을 확장하고 심화시켜 나간다. 앞선 경험은 과거의 것이지만 이것은 다음 단계의 경험과 관계를 맺으면서 미래를 조건 짓는다. 따라서 유기체적 존재로서 학습자는 앞선 경험의 발판을 통해 후속하는 경험의 의미를 확장시키며 새로운 앎을 형성한다.

이따금 오래 전에 읽었던 작품을 무심히 펼치게 될 때 예전에 표시해 놓은 듯한 밑줄이나 짧은 구절을 목도할 때가 있다. 그리고 이내 고개를 갸웃거린다. '왜 이 부분에 밑줄을 그었을까?', '그 때는 이런 생각을 했구나.' 당시에는 공감을 표현했던 부분이 지금-여기의 '나'에게는 의아하거나 혹은 당황스럽게 읽히는 순간이다. 지금 여기의 '나'에게 과거의 '나'는 낯설게 느껴지기조차 한다. 그 때는 왜 그랬을까? 이전의 '나'는 수많은 관계와 다양한 경험을 거쳐 오늘의 '나'로 다시 태어나 역사화되고 있는 것이다. 동일한 음악이나 그림, 영화, 사회 현상 역시 예전과 오늘의 공감의 성격과 내용은 상당히 달라질 수 있다. 따라서 비평 경험의 교육적 수행이 화이트헤드의 생태적 '과정'을 인식할 때 그간의 비평 교육이 소홀히 여겨온 관계적 주체로서 학습자와 과정으로서의 비평 경험에 주목할 수 있다.[6] 오늘도 '나'(교사)의 학생은 유기체적 생태 환경 속에서 인지

6) 이러한 경험은 누구에게나 있다. 그 때의 '나'에 비해 지금의 '나'는 상당히 변한 것이다. 그러나 과거의 실재로서의 '나'는 그 당시의 삶의 맥락에서는 유효하고 가능한 '나'였고, 현재의 '나' 역시 지금의 삶의 맥락에서 형성되고 있는 '나'이다. 과거의 '나'는 과거의 삶의 과정에서 진동하고 있었고, 현재적 실재로서의 '나' 역시 현재의 과정 속에서 진동하는 존재인 것이다.

적, 정의적 변화를 경험하고 있으며 '나' 역시 서로 다른 교실에서 동일한 내용을 가르치고 있다 하더라도 '나'는 이미 어제의 '나'가 아니다. 관계와 변화에 기초한 '과정'에 대한 화이트헤드의 인식은 비평 교육에서 학습자의 앎의 과정을 학습자의 생태적 조건 속에서 경험하는 다양한 생태적 관계와 과정을 토대로 해야 한다는 사실을 강조한다.

셋째, 화이트헤드는 과정(process)을 통한 창조(creativity)를 중시한다.[7] 앞에서도 강조했듯이 관계적 주체는 변화를 경험하며 이전의 주체에서 새로운 주체로 성장해 간다. 과거의 '나'는 현재의 '나'를 창조하는 조건이다. 인간은 자기가 배운 것을 단순히 반복하는 데 그치는 것이 아니라 자신이 갖고 있던 관념들 간의 관계를 재배열함으로써 무엇인가를 새롭게 창조하는 존재이다. 동일한 작품이라도 과거의 '나'와 현재의 '나'(혹은 '나'와 '너')가 다르게 반응할 수 있는 것은 각각의 '나'가 겪어온 다양한 삶의 경험이 개입하고 삼투되면서 서로 다른 '나'를 창출하기 때문이다.

"㉠모더니즘을 제대로 인식하지 못했을 때는 이상의 「날개」를 그저 학습서에 나온 대로 가르쳤지요. 그러나 ㉡모더니즘을

7) 도날드 W. 셔번은 화이트헤드의 '창조성(creativity)'을 '다자'와 '일자'의 관계성을 바탕으로 다음과 같이 정리한다. (1) 임의의 순간에 우주는 이접적으로 다양하게 존재하는 '다자'이다. (2) '다자가 복잡한 통일 속으로 들어간다는 것은 사물의 본성에 속한다.' (3) 이러한 단일화, 즉 합생에서 비롯되는 새로운 '일자'는 진실로 새로운 것이다. 다시 말해 그것은 그것이 통일시킨 것에 맞서 있으며, 그렇기에 또한 그것이 통일시킨 하나하나의 항목들과 구별되는 별개의 것이다. (4) 여기에 그 과정이 시작되었던 당시와 동일한 상황(즉 이접적인 다양성)이 있게 되며, 그래서 과정은 '피조물로부터 피조물로의 창조적 전진에 있어 세상이 끝날 때까지 되풀이된다' (Donald, W. Sherburne, 1996, 2010:370-371, 밑줄_인용자)

공부하고 나니 날개의 '나'를 어지럽게 했던 아스피린, 시계, 거울, 화신 백화점 옥상 등이 새롭게 보이더군요. 그것은 이상이나 박태원이 느꼈던 근대의 어지러움이나 두려움은 오늘날의 제가 빠른 속도로 업그레이드 되고 있는 디지털 기기나 SNS 에 때로는 어지러움을 느끼는 것과 비슷하지 않았을까요? ㉢이전에 주로 모더니즘과 이상의 작품을 기계적으로 대입해 가며 가르쳤던 이전의 제 모습이 좀 부끄러워졌죠. 지금은 수업 시간에도 학생들이 그 부분을 공감하게 하기 위해 더욱 열심히 준비하게 됩니다"(A교사, 18년 경력의 현 고등학교 국어과 교사)
(밑줄_인용자)

비평은 텍스트(언어), 주체, 세계 등의 비평적 지배소들로 수행되는 것만은 분명하다. 그러나 같은 작품이라도 과거와 현재의 공감의 결이 다른 것은 텍스트와 소통하고 있는 현실적 존재로서의 '나'가 맺어 온 관계의 양상이나 정도가 진동해 왔기 때문이다. 위의 국어 교사는 모더니즘에 대해 심도 있게 공부한 이후 작품을 보는 시각이 달라졌다고 고백하고 있다. 그러나 현재의 '나'(㉢)가 느끼는 부끄러움과 열정은 이전의 '나'(㉠)를 통해 형성된 것이며, 현재의 '나' 역시 미래의 '나'를 조건 지을 것이다. 뿐만 아니라 현재의 '나'는 이전의 '나'와의 관계 속에서 형성되고, 이전의 '나'를 넘어서 보다 바람직한 '나'로 창조되고 있다. 따라서 '나'는 관계적 존재이자 자기초월적 존재 그리고 창조적 존재로서의 부면을 동시에 지닌다(이효현, 2009:293-313). 유기체적 존재로서 학습자는 성장을 향한 창조적 본능을 지니고 있기 때문이다(Whitehead, 1929, 1961, 2004:48). 무엇보다 텍스트에 대한 가치 판단의 준거가 다른 이상 해석이나 평가 역시 다를 수 있다는 점에서 비평 교육은 비평의 과정을 통해 새로운 의미의 창조, 새로운 존재로서 '나'를 지향할 필요가 있다. 준거와 해석이 다양하게 존재하는 비평 교실에서 비평 교육이 생태학적 '창조성'을 인식할 때 학습자는 자기(시대)를 음미하고 해석하며 평가하는 안목의 가능성을 모색할 수 있을 것이다.

이상의 논의를 바탕으로 과정 철학의 생태학적 개념과 비평 교육의 실행 요소를 교집할 경우 다음 [표 3]과 같이 비평 경험 교육의 생태학적 요소를 추출할 수 있다.[8)]

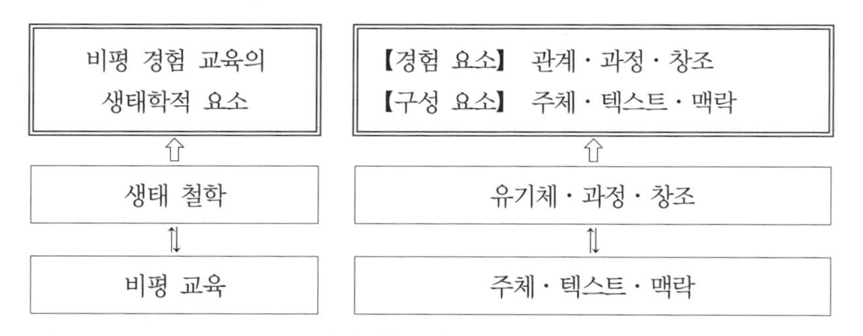

[표 3] 비평 경험 교육의 생태학적 요소

비평 교육의 실행 요소를 생태 철학의 장에서 접근할 경우 비평 교육의 요소인 '주체, 맥락, 텍스트'는 생태 철학의 '유기체, 과정, 창조' 등의 요소와 연동 가능하다. 그 결과 생태주의 관점에서 비평 경험의 교육적 수행을 위한 요소는 '관계적 주체 · 텍스트 · 맥락'이

8) [표 3]은 김혜련(2014)의 표를 재구성한 것이다. 아울러 이와 관련된 논의 역시 앞의 논문을 본 연구의 관점에 적합하도록 수정 · 보완한 것임을 밝힌다.

라는 구성 요소와 '관계 · 과정 · 창조'라는 경험 요소로 추출 가능하다. 비평 경험 교육의 생태학적 요소를 고려할 경우 국어과에서 비평 경험의 교육적 방향을 다음과 같이 타진할 수 있다.

첫째, 비평 경험의 교육적 정합성은 비평 교육 현상에 대한 관계적 접근을 인식해야 한다. 비평 교육 현상에 관여하는 주체, 텍스트, 맥락(환경) 등의 요소들은 중층적이고 역동적인 관점에서 다루어져야 한다. 각각의 요소들이 서로 어떻게 영향을 미치고 관계를 맺는가에 관심을 가짐으로써 그동안 개별적으로 강조되어 왔던 요소들에 관계적으로 인식할 수 있다.

둘째, 비평 경험의 교육적 정합성은 비평 교육 현상에 대한 과정적 인식을 주목해야 한다. 비평 경험 교육은 학습자나 텍스트를 음미하고, 분석하고, 평가하는 과정을 실제로 경험함으로써 실제 학습자들의 해석 활동, 평가 경험, 그리고 학습자들이 비평 현상에 참여하는 것이 중요하다. 텍스트에 대한 가치 평가 자체가 중요한 것이 아니라 그러한 평가에 이르게 되기까지 학습자가 형성해 온 독서와 경험, 가치 등이 종합적으로 발현되는 과정을 인식하는 것이 보다 중요하다.

셋째, 비평 경험 교육은 학습자의 창조적 진화를 지향해야 한다. 현실적 존재(being)로서 학습자는 본질적으로 '생성(becoming)'을 향한 가능성을 내포한다. 과정 철학의 존재에 내재하는 관계를 통한 창조성이라는 본성은 생태주의 비평 교육에서 상상하는 학습자의 본성과 소통될 수 있다. 특히 과정 철학에서 '경험하고 있는 주체이면서 그 경험의 자기 초월체'(이효현, 2009:297)라는 이중성을 함의하는 현실적 존재는 교육을 통해 보다 새로운 자기를 창조하기를 염원하는 교육의 이상과도 조우할 수 있다.

2. 비평 경험의 교육적 범주

앞에서 언급했듯이 최근의 비평 현상은 학문적으로, 사회 문화적으로 내적 심화와 외적 분화를 겪으며 다양화되고 있다. 그러나 비평의 양상이 다기하게 분화되고 있다 하더라도 해석과 가치 평가의 선순환을 본질로 해야 한다는 것은 자명하다. 그렇다면 학교에서 비평은 어떻게 인식하고 가르쳐야 하는가? 본 연구는 앞 절에서 비평 현상에 대한 생태학적 접근을 통해 '주체, 텍스트, 맥락' 등의 구성적 요소와 '관계, 과정, 창조' 등의 경험적 요소로서 비평 경험의 교육적 정합성 개발을 위한 요소를 추출했다. 이 절에서는 현재 학교에서 실행하고 있는 비평 교육의 일부를 확인하여 '비평 경험'의 요소들의 교육적 가능성을 살피고, 그 과정에서 '비평 경험'을 지지하는 생태학적 입장이나 원리가 비평 경험의 교육철학적 토대로서 기능할 수 있는지를 타진할 것이다.

비평 경험의 정당성에 주목하는 것은 다양하게 존재하는 비평 양상을 비평 경험이라는 개념과 원리를 기반으로 교육적 관점에서 포괄하려는 의지와 관계가 깊다. 개별 교과에서 실행되는 비평 교육 양상을 수정하고 보완하는 정도를 넘어서 학교의 비평 교육을 학습자의 경험의 관점에서 재인식하고 교육의 방향과 내용을 제시하기 위한 모색인 셈이다. 이러한 시도는 전통적인 교과 중심의 교육과정을 넘어서서 사회적 변화와 요구에 적극적으로 대응하는 범교과적 차원의 담론과도 관계가 깊다. 학습자가 관계 맺고 있는 현실이 교과별로 분과된 세계가 아니라 다양한 감각과 인식이 총체적으로 통합된 세계라는 점에서 과도하게 경직된 교과 교육과정은 새로운 지식 정보화 사회를 살아갈 학습자의 적응력이나 대응력을 향상시키는 데 어려운 요인으로 작용한다. 사실 개별 교과에 내재하는 고유한 소통 방식이나 상징체계가 감각(시각 경험, 청각 경험 등)이나 언어에 따라 다소 상이하긴 하지만 인간과 세계에 대한 교감과 소통의 의지는 유사하다. 먼저 국어과, 사회과, 미술과를 살펴보기로 하자.

목표

가. 전인적 성장의 기반 위에 개성의 발달과 진로를 개척하는 사람 나. 기초 능력의 바탕 위에 새로운 발상과 도전으로 창의성을 발휘하는 사람 다. 문화적 소양과 다원적 가치에 대한 이해를 바탕으로 품격 있는 삶을 영위하는 사람 라. 세계와 소통하는 시민으로서 배려와 나눔의 정신으로 공동체 발전에 참여하는 사람

2011 국어과 목표	2011 사회과 목표	2011 미술과 목표
국어 활동과 국어와 문학을 총체적으로 이해하고, **국어 활동**	사회 현상에 관한 기초적 지식과 능력은 물론, 지리, 역사	미술 교과 교육의 목표는 미적 감수성과 직관으로 대상을

<table>
<tr>
<td>의 국어 활동의 맥락을 고려하여 국어를 정확하고 효과적으로 사용하며, 국어를 사랑하고 국어 문화를 누리면서 국어의 창의적 발전과 국어 문화 창조에 이바지할 수 있는 능력과 태도를 기른다.

가. 국어 활동과 국어와 문학에 대한 기본적인 지식을 익힌다.
나. 다양한 유형의 담화와 글을 비판적이고 창의적으로 수용하고 생산한다.
다. 국어의 가치와 중요성을 인식하고 국어 생활을 능동적으로 하는 태도를 기른다.</td>
<td>및 제 사회 과학의 기본 개념과 원리를 발견하고 탐구하는 능력을 익혀 우리사회의 특징과 세계의 여러 모습을 종합적으로 이해하며, 다양한 정보를 활용하여 현대 사회의 문제를 창의적이며 합리적으로 해결하고, 공동생활에 스스로 참여하는 능력을 기른다.
이를 바탕으로 개인의 발전은 물론, 사회, 국가, 인류의 발전에 기여할 수 있는 민주 시민의 자질을 기른다.
사회과의 전반적인 목표는 다음과 같다.[9]</td>
<td>이해하고 삶을 창의적으로 향유하며 미술 문화를 계승, 발전시킬 수 있는 전인적 인간을 육성하는 데 있다. 이를 달성하기 위한 하위 목표는 다음과 같다.

가. 자신과 주변 세계에 대한 미적 감수성을 기른다.
나. 느낌과 생각을 창의적으로 표현하고 소통할 수 있는 능력을 기른다.
다. 미술의 가치를 이해하고 판단할 수 있는 능력을 기른다.
라. 미술을 생활화하여 미술 문화를 애호하고 존중하는 태도를 기른다.</td>
</tr>
</table>

[표 4] '2011 교육과정'의 '추구하는 인간상'과 국어과, 사회과, 미술과 '목표'

9) '가. 사회의 여러 현상과 특성을 그 사회의 지리적 환경, 역사적 발전, 정치・경제・사회적 제도 등과 관련지어 이해한다. 나. 지표 공간의 자연 및 인문 환경에 대한 이해를 통해 지역에 따른 인간 생활의 다양성을 파악하고, 지리적 지식과 기능을 습득하여 지리적 문제를 해결한다. 다. 각 시대의 특색을 중심으로 우리나라의 역사적 전통과 문화

위의 [표 4]에서 볼 수 있는 바와 같이 국어과는 국어 현상을 총체적으로 이해하여 국어의 창의적 발전과 국어 문화 창조에 이바지할 수 있는 능력과 태도를, 사회과는 사회 현상이나 우리 사회의 특징과 세계의 여러 모습을 종합적으로 이해하여 창의적이고 합리적인 능력과 공동생활에 참여하는 능력을, 미술과는 대상을 이해하고 삶을 창의적으로 향유하여 미술 문화를 계승, 발전하는 능력을 함양하는 데 주안점을 두고 있다. 그런데 이들 교과의 목표를 좀 더 들여다보면 첫째, 맥락, 사회, 세계 등 학습자가 관계 맺고 있는 주변 환경을 이해하고('국어 활동의 맥락을 고려하여'(국어과), '우리 사회의 특징과 세계의 여러 모습'(사회과), '자신과 주변 세계에 대한 미적 감수성'(미술과)), 둘째, 인간과 세계와 관계를 맺고 있는 텍스트를 이해하여('국어 활동과 국어와 문학을 총체적으로 이해하고'(국어과), '사회 현상'(사회과), '대상을 이해하고'(미술과)), 셋째, 문화의 가치를 판단하고 창조에 참여('국어 문화 창조'(국어과), 현대 문제에 대한 창의적, 합리적 해결과 참여(사회과), 미술 문화를 계승 발전(미술과))할 수 있는 능력을 공통적으로 강조하고 있는 것을 발견할 수 있다. 이를 정리해 보면 다음과 같다.

❑ 학습자가 맺고 있는 주변 환경에 대한 이해-관계적 사고

의 특수성을 파악하여 민족사의 발전상을 체계적으로 이해하며, 이를 바탕으로 인류 생활의 발달 과정과 각 시대의 문화적 특색을 파악한다. 라. 사회생활에 관한 기본적 지식과 정치・경제・사회・문화 현상에 대한 기본적인 원리를 종합적으로 이해하고, 현대 사회의 성격 및 민주적 사회생활을 위하여 해결해야 할 여러 문제를 파악한다. 마. 사회 현상과 문제를 파악하는 데 필요한 지식과 정보를 획득, 분석, 조직, 활용하는 능력을 기르며, 사회생활에서 나타나는 여러 문제를 합리적으로 해결하기 위한 탐구 능력, 의사 결정 능력 및 사회 참여 능력을 기른다. 바. 개인과 사회생활을 민주적으로 운영하고, 우리 사회가 당면한 문제들에 관심을 가지고 민주 국가 발전과 세계의 발전에 적극적으로 이바지하려는 태도를 가진다.'(교육과학기술부(2011), 『사회과 교육과정』 총론)

와 탐구

- ❑ 인간과 세계와의 관계를 보여주는 텍스트 이해-해석과 소통
- ❑ 가치 판단과 창조에의 참여-가치 평가와 창조

요컨대 국어과, 사회과, 미술과는 공통적으로'관계적 사고와 탐구(Ⅰ)', '해석과 소통(Ⅱ)', '가치 평가와 창조(Ⅲ)' 활동을 중심으로 교과 목표를 설정하고 있으며, 이들 활동에는 관계적 주체인 '학습자'(요소)가 '텍스트'(요소)와 관계를 맺으며 텍스트를 설명하고 해석하는 '과정'(요소)을 통해 가치를 판단하고 새로운 비평 문화의 '창조'(요소)에 창의적으로 기여하는 능력을 함께 강조하고 있는 셈이다.

특히 국어과, 사회과, 미술과 등의 대상 텍스트가 인지적, 정의적 생산과 수용을 통해 구현된다고 하더라도 텍스트를 설명하고 해석하며 평가하는 행위는 언어적 사고와 언어적 소통을 기반으로 이루어진다. 예컨대 미술 교과서에서 "1. 역사, 신화, 문학, 철학 등의 맥락에서 미술작품을 설명해 보자. 2. 그림 속에 자주 등장하는 소재를 찾아 그 상징적 의미를 알아보자. 3. 작품의 형식, 역사적 배경, 특징적 소재 등 다양한 관점에서 작품을 살펴보고 이야기해 보자."(이주연 외(2012), 중학교 미술_1. 보고 듣고 말하는 비평)나 "1. 만화를 통해 미술비평의 개념과 단계적 방법 이해하기-서술, 분석, 해석, 판단, 2. 두 작품을 비교해 비평지를 작성해 보기-공통점, 시대적 배경, 차이점, 미적 판단, 3. 비평 과정을 활용한 미술작품 비평해보기, 4. 우리나라 작품 비평해보기-역사, 경제, 사회, 문화적 맥락에서 토론하기"(김영길 외(2012), 중학교 미술_1. 미술 비평가와의 만남) 등을 보면 미술

작품을 비평하는 활동의 대부분이 언어적 사고를 전제하지 않으면 활동하기 어려운 내용들로 구성하고 있다. 물론 시각 텍스트를 대상으로 하지만 텍스트를 이해하고 가치를 평가하는 일련의 활동은 언어적 사고와 소통으로 가능한 활동들이다. 아동의 미술 감상 능력이 언어적 소통을 통해 더욱 향상될 수 있다는 점을 고려하여 미술과 언어의 통합을 강조한 그라우어(Grauer, K.)의 언급을 굳이 상기하지 않더라도 대부분의 텍스트에 대한 이해는 언어적 사고와 소통을 통해서 비로소 가능해진다.[10] 따라서 비평 경험의 교육적 정합성을 개발하기 위해서 언어적 사고와 소통을 본질로 하는 국어 교육적 접근은 유효할 뿐만 아니라 적실하기까지 하다. 이상의 논의를 바탕으로 학교에서 비평 경험의 교육적 기획을 포괄하고 국어과 비평 경험의 정당성을 모색하기 위해 세 교과의 내용 성취 기준을 살펴보기로 하자.

교과	영역	내용 성취 기준	관련 범주 예
국어	듣기·말하기	(2) **공식적인 상황**에서 상대의 말을 정리하며 듣고, 자신의 의견을 조리 있게 말한다.	I II
		(3) **인물이나 관심사를 다양한 방법으로 소개하거나 설명**한다.	I II
		(5) **주변에서 일어나는 문제**에 대해 의견을 조정하며 토의한다.	I III

10) Grauer, K.(1984). Artand wirting :Enhancing Expression in Images and Words.Art Education, NAEA, pp.32-34. 임정현(2012:28)에서 재인용.

	(7) **대화의 상황과 맥락을 이해**하고 **상대의 이야기에 공감하며** 듣고 말한다. (8) **목적과 상대에 따라 말하기 방식의 차이를 고려**하며 대화를 나눈다. (9) **사회적으로 의미가 있는 내용**을 **매체 자료로 구성하여 발표**한다. (12) **폭력적인 언어 사용의 문제를 인식**하고, **바람직한 언어 표현**으로 순화하여 말한다. (13) **전통적 듣기 · 말하기 문화를 이해**하고, **오늘날의 듣기 · 말하기 문화를 성찰**한다.	Ⅰ Ⅲ Ⅲ Ⅰ Ⅱ Ⅲ
읽기	(1) **지식과 경험, 글의 정보, 읽기 맥락**을 토대로 내용을 예측하며 글을 읽는다. (2) **글이나 매체에 제시된 다양한 자료**의 **효과와 적절성**을 평가하며 읽는다. (4) 설명 방식을 파악하며 설명하는 글을 읽는다. (5) 논증 방식을 파악하며 주장하는 글을 읽는다. (7) 동일한 대상을 다룬 서로 다른 글을 읽고 관점과 내용의 차이를 비교한다. (8) 글의 표현 방식을 파악하고 표현의 효과를 평가한다. (9) 자신의 삶과 관련지으며 글의 의미를 해석하고 독자의 정체성을 형성한다.	Ⅰ Ⅱ Ⅲ Ⅱ Ⅱ Ⅱ Ⅱ Ⅲ Ⅱ Ⅲ
쓰기	(1) **주제, 목적, 독자를 고려**하여 쓰기 과정을 계획하고, 점검하고 조정한다. (2) 설명하고자 하는 대상이나 개념에 맞게 적절한 설명 방법을 사용하여 **독자가 이해하기 쉽게 글을 쓴다**.	Ⅰ Ⅲ Ⅱ Ⅲ

		(4) **의견의 차이가 드러나는 문제**에 대해 **타당한 근거를 들어** 주장하는 글을 쓴다. (6) **자신의 삶과 경험을 바탕**으로 **독자에게 감동이나 즐거움을 주는 글을 쓴다**. (8) **영상 언어의 특성**을 살려 영상으로 이야기를 구성한다. (9) **매체의 특성**이 쓰기의 내용과 형식에 미치는 영향을 고려하여 글을 효과적으로 쓴다.	I III II II
	문학	(3) **다양한 관점과 방법**으로 작품을 해석한다. (4) **표현에 드러나는 작가의 태도에 주목**하며 **작품을 이해**하고 표현한다. (5) **작품의 세계가 누구의 눈을 통해 전달**되는지 파악하며 작품을 수용한다. (6) **사회 · 문화 · 역사적 상황**을 바탕으로 작품의 의미를 파악한다. (7) **작품의 창작 의도**와 **소통 맥락을 고려**하며 작품을 수용한다. (8) 자신의 주체적인 관점에서 작품을 평가한다. (10) 문학이 인간의 삶에 어떤 가치를 지니는지 이해한다.	II I III II II I II I II II III III
사회	지리 영역	(1) **내가 사는 세계**: 위치의 중요성 이해, 위치 표현 방법과 효과적인 의사소통 능력을 기르는 것이다. 더불어 생활 속 다양한 분야에서 지리 정보 기술이 활용되고 있음을 이해. (2) 인간 거주에 유리한 지역: 이 단원의 목표는 **자연환경의 측면에서 인간의 거주 조건을 파악**해 보고, 많은 사람들이 거주하고 있는 지	I I I III

		역을 사례로 그 이유를 살펴보는 것이다.	
		(3) 극한 지역에서의 생활: 이 단원의 목표는 '왜 그 지역에 살고 있을까?'라는 호기심에서 출발하여 **이들 지역에 살고 있는 사람들의 생활 양식을 자연환경 조건과 연결 지어 생각**해 보고, **우리와 다르게 살아가는 사람들에 대해 이해와 존중의 태도**를 기르는 것이다.	Ⅱ Ⅰ Ⅱ Ⅰ Ⅲ
		(4) 자연으로 떠나는 여행: 이 단원의 목표는 기후・지형과 밀접한 관련이 있는 **유명 관광지를 통해** 지역의 지리적 특성을 파악하는 것이다.	Ⅰ
		(5) 자연재해와 인간 생활: 이 단원의 목표는 **자연재해를 지리적 분포와 인간 생활과의 관계 측면에서 이해**하는 것이다.	Ⅰ Ⅰ Ⅲ
		(7) 도시 발달과 도시 문제: 이 단원의 목표는 **도시의 특징을 기능, 성장, 내부 구조의 측면에서 이해**하는 것이다. 살고 싶은 도시의 특징을 찾고, 분류해 보는 경험을 통해 자신이 살고 있는 삶의 터전에 대한 관심과 삶의 터전을 향상시키려는 태도를 기른다.	Ⅰ Ⅱ Ⅱ Ⅲ
		(8) 문화의 다양성과 세계화: 이 단원의 목표는 지역에 따라 **다양한 문화**가 존재하며, **문화는 지역의 자연환경, 경제・사회적 환경, 타 지역과의 교류의 결과임을 이해**하는 것이다. 또한, 세계화가 지역의 문화에 미치는 다양한 영향을 사례를 통해 이해하고, 그 의미를 논의할 수 있는 기회를 제공한다. 학생들에게 친숙한 음식, 스포츠, 영화, 음악 등의 소재를 적극적으로 활용하도록 한다.	Ⅱ Ⅲ Ⅱ Ⅲ Ⅱ Ⅲ

(9) **글로벌 경제**와 지역 변화: 이 단원의 목표는 경제 활동의 세계화가 지역에 미치는 영향과 이에 따른 지역의 변화를 파악하는 것이다. 학생들은 다국적 기업이 제품을 생산하기 위해 지역의 특성을 활용하는 방식과 이것이 지역에 미치는 영향을 이해할 수 있어야 한다. 또한, 농작물을 소재로 생산의 글로벌화가 지역에 미치는 영향을 파악한다.

(10) **세계화 시대의 지역화** 전략: 이 단원의 목표는 세계화에 대응하는 지역화 전략들을 살펴보는 것이다. 성공적인 지역 브랜드 개발 전략을 이해하고, 이를 자신이 살고 있는 지역에 적용해 보도록 한다.

㈎ 세**계화 시대에 있어 우리나라 전통 마을 및 생태 도시가 지니고 있는 생태적 경쟁력을 파악한다**.(중략)

(11) 자원의 개발과 이용 : 이 단원의 목표는 자원이 지역에 미치는 영향, 에너지 자원 확보를 위한 국가 간 경쟁, 자원의 지속 가능한 활용 등 **자원의 의미와 중요성을 다양한 각도로 이해**하는 것이다.

(12) 환경 문제와 지속 가능한 환경: 이 단원의 목표는 다양한 공간 스케일에서 발생하는 **환경 문제를 이해하고, 지속 가능성의 관점에서 해결책을 모색**해 보는 것이다. 더불어 주변에서 경험 가능한 구체적 사례를 중심으로 환경 문제를 인식하고, 이**에 대한 자신의 생각을 표현**해 보도록 한다.

		(13) 우리나라의 영토: 이 단원의 목표는 영토, 영해, 영공에 대한 개념을 바탕으로 우**리나라의 영역을 정확하게 이해**하는 것이다. 또한, 학생들은 독도의 중요성을 여러 가지 측면에서 설명할 수 있도록 한다. (14) 통일 한국과 세계 시민의 역할: 이 단원의 목표는 동아시아의 지리적 위치를 살피고 세계로 도약하기 위한 우리나라의 통일의 필요성을 인식하며 이를 통해 세계 평화에 이바지하는 미래의 한국을 그려보는 것이다. 더불어, 지구상에서 발생하고 있는 다양한 지리적 문제와 이를 해결하려는 인류의 노력을 이해하고, 이에 동참하는 태도를 갖는다.	
	일반 사회 영역	(1) 개인과 사회생활: **개인과 사회 집단 간의 관계를 이해**하고 사례 분석을 통해 사회 집단이 지닌 특징을 탐구한다. (2) 문화의 이해와 창조: **문화의 의미와 특징을 이해하고, 다양한 문화를 이해하고 존중하는 태도**를 가진다. **대중 매체와 대중문화를 이해하고, 문화와 미디어에 대한 비판적 분석**을 통해 **문화와 미디어 간의 상호 작용을 파악**한다. (4) 정치 생활과 민주주의: 정치의 의미와 중요성을 인식하고, 민주 정치의 발전 과정에 대한 분석을 통해 민주 정치의 특징을 파악한다. 민주주의의 이념과 원리를 이해하고 이를 실현하기 위한 민주 정치 제도를 정부 형태를 중심으로 파악한다.	Ⅰ Ⅱ Ⅲ Ⅱ

		(가) **정치의 의미를 다양한 관점에서 이해하고, 민주 정치 발전 과정에 대한 분석**을 통해 민주 정치의 특징을 인식한다. (중략)	
		(5) 정치 과정과 시민 참여: 민주 사회에서 정치 과정을 통해 **다원적 가치와 이익이 조정되고 있음을 이해**하고, 정치 과정에 참여하는 **다양한 정치 주체의 역할을 파악**한다. 민주주의에서 선거의 의미를 이해하고, 선거의 기본 원칙과 공정한 선거를 위한 제도 및 기관을 탐색한다. 지방 자치 제도를 이해하고, 지역 문제 해결을 위해 시민이 수행하는 정치 활동을 파악한다. (중략)	Ⅱ
		(13) 국제 사회와 국제 정치: 국제 사회의 특성을 파악하고, 국제 사회의 **다양한 행위 주체**들에 대해 조사한다. 국제 정치의 관점에서 국제 사회의 여러 행위 주체 간에 발생하는 경쟁과 갈등을 인식하고, 이러한 문제를 해결하기 위한 국제 사회의 다양한 노력에 대해 탐구한다. 나아가 우리나라가 직면하고 있는 국가 간 갈등 문제를 파악하고, 이를 해결하기 위해 적극적으로 노력하는 자세를 기른다.	Ⅰ Ⅱ Ⅲ
		(14) 현대 사회와 사회 문제: **사회 문제의 의미를 이해**하고, 현대 사회에서 주요하게 발생하는 사회 문제에 대해 탐구한다. 이러한 **사회 문제를 해결할 수 있는 방안을 모색하고, 이를 적극적으로 실천하는 태도**를 기른다. 나아가 **미래 사회에서 지속 가능한 발전을 위한 방안을 모색**한다.	

미술	체험	① 지각 **주변 환경과의 관계** 속에서 대상과 자신을 이해하고 조화를 발견한다. ② 소통 **시각 문화의 사회적 가치를 이해하고 참여 방안을 모색**한다.	Ⅰ Ⅱ
	감상	① 미술사 미술의 변천 과정과 가치를 **문화적 맥락**에서 이해한다. ② 미술 비평 미술 비평 활동을 통해 **작품의 의미를 해석하고 가치를 판단**한다. ㉮ 다양한 분야의 지식을 활용하여 미술 작품의 의미를 이해하기 ㉯ 비평 요소와 기준을 활용하여 미술 작품의 가치를 판단하기 ㉰ 관람자의 역할을 고려하여 전시회를 계획하기	Ⅰ Ⅱ Ⅱ Ⅲ
	표현	① 주제 표현 **창의적인 발상**을 통해 주제의 특징과 목적을 표현한다. ② 표현 방법 표현 방법과 매체를 **창의적으로 활용하고 계획을 세워 표현**한다. ③ 조형 요소와 원리 조형 요소와 원리의 **시각적 효과를 이해하고 창의적으로 표현**한다.	Ⅱ Ⅲ

[표 5] 교과별 내용 성취 기준과 비평 교육 관련 범주(강조_인용자)

[표 5]는 비평 경험 교육의 국어교육적 가능성을 전제로 세 교과의 내용을 앞서 제시한 내용에 따라 정리한 것이다. 물론 이때의 교육 범주는 각 성취기준에서 관계 깊은 범주를 연결한 것으로서 어느 하나가 강조되거나 서로 겹칠 수 있다. 이를테면 '국어과'에서 '사회 · 문화 · 역사적 상황을 바탕으로 작품의 의미를 파악한다(문학(6))'와 '사회과'에서 '개인과 사회 집단 간의 관계를 이해하고 사례 분석을 통해 사회 집단이 지닌 특징을 탐구한다(일반 사회 영역(1) 개인과 사회 생활)', '미술과'의 '주변 환경과의 관계 속에서 대상과 자신을 이해하고 조화를 발견한다(체험 ① 지각)' 등은 학습자가 처한 환경(맥락)과의 관계적 사고를 바탕으로 텍스트('작품'이나 '사례', '대상과 자신' 등)와 소통하는 것을 요구하고 있다. 그리고 '(8) 영상 언어의 특성을 살려 영상으로 이야기를 구성한다.'(국어과_쓰기), ㈎ 정치의 의미를 다양한 관점에서 이해하고, 민주 정치 발전 과정에 대한 분석을 통해 민주 정치의 특징을 인식한다(사회과)', '㉮ 다양한 분야의 지식을 활용하여 미술 작품의 의미를 이해하기'(미술과) 등은 다양한 관점과 근거를 통해 텍스트의 의미를 해석하고 소통하는 능력을 함양하는 내용들이 공통적이다. 그리고 '(10) 문학이 인간의 삶에 어떤 가치를 지니는지 이해한다(국어과_문학(10))'와 '자신이 살고 있는 삶의 터전에 대한 관심과 삶의 터전을 향상시키려는 태도를 기른다(사회과_도시 발달과 도시 문제(7))', '㉯ 비평 요소와 기준을 활용하여 미술 작품의 가치를 판단하기'(미술과_② 미술 비평)은 텍스트에 대한 능동적인 관심과 평가 태도를 강조하고 있다. 이러한 세 가지 내용은 단계에 따라 다시 '관계적 사고와 해석'범주와 '가치 평가와 실천'범주로 압축하여 설정할 수 있다.

비평 경험 교육의 내용	⇒	범주 Ⅰ- 관계적 사고와 해석 범주 Ⅱ- 가치 평가와 실천

[표 6] 비평 경험 교육의 내용 범주

위의 [표 6]에서 '관계적 사고와 해석' 범주는 인간과 세계에 대한 해석과 가치 평가 활동은 먼저 학습 주체의 관계에 대한 인식을 토대로 하여 텍스트의 의미를 해석하는 활동과 관련된 내용이며 관련 학습 용어는 '개인, 환경, 맥락, 상황, 세계, 관계, 텍스트(작품, (사회) 현상), 의미, 해석, 대화, 토론, 수용 등'이다. 그리고 '가치 평가와 실천' 범주는 텍스트에 대한 다양한 관점과 해석을 바탕으로 텍스트에 대해 주체적인 가치 평가를 중심으로 하는 내용으로 관련 학습 용어는 '가치, 평가, 참여, 생산, 태도, 공감, 공동체 등'을 제시할 수 있다. 이 절에서는 국어 교육에서 비평 경험의 기능적 정합성을 도출하기 위해 타 교과의 기저에 흐르는 비평적 의식과 활동에 주목하였다. 위에 제시한 두 범주는 절대적이거나 고정적인 것은 아니지만 향후 비평 경험의 교육적 정당성과 통합적 실행을 위한 구조적 틀로 활용될 수 있다.

3. 비평 경험의 교육적 기능

1) 비평 경험의 정합적 원리로서 비평의 기능

어떤 내용이든 그것의 교육을 정당화하기 위해서는 개념적 질문부터 시작한다는 점에서 비평 교육 역시 '비평이란 무엇인가?'라는 질문부터 시작할 필요가 있다. '비평이란 무엇인가'를 '비평 행위 속에서 진행되는 것은 무엇인가'로 이해할 경우 이 질문은 비평의 수행적 기능에 대한 탐색을 요구한다. 그리고 이 비평의 기능은 비평을 둘러싸고 있는 여러 관계 속에서 고찰되어야 한다. 비평의 사회적 관계에 주목해 온 리차드 오만은 그람시를 예로 들어 비평적 활동에 대해 활동이 발생하는 관계의 총 체계 속에서가 아니라 활동 주체의 내적 성격에서 찾으려 한 것이 '잘못'이었다고 지적하며 '비평을 에워싸고 있는 여러 관계의 망'에, 다시 말해 사회적 관계에 따라 비평을 인식할 필요를 주장했다(Richard Ohmann, 1983:255). 이 부분은 상당히 중요한데 비평을 사회적 관계 안에서 인식해야 하는 것은 물론 사회적으로 생산된 비평에 의해서 다시 우리 자신이 판단되고, 등급이 정해지고, 가치가 평가되는 상황에 놓이게 된다는 점을 함의하기 때문이다. 비평의 근대적 성립 이후 비평이 생산해 왔던 판단의 권위가 실제 비평에서 약화되었다고 하더라도, 어떤 텍스트를 읽거나(보고 듣거나 등) 가르치거나 혹은 비평을 할 만한 가치가 있느냐라는 행위는 지속되고 있으며, 이러한 행위는 정전(canon) 형성이라는 또 다른 기제로서 사회・문화적 공동체에 영향을 미치고, 그러한 형식에 의해 다시 잠재적 비평 주체들이 영향을 받고 있기 때문이다. 사실 사회와 비평이 맺는 이러한 관계는 새롭거나 놀랄 만한 일이 아님에도 불구하고, 학교에서 비평은 이러한 사회적 기능을 고려하지 않거나 무심해 왔던 것이다.

비평 경험의 교육적 범주 역시 비평이 적극적으로 고려해야 하는 성격들, 예컨대 관계적, 과정적, 창조적 성격과 유기체적 주체, 텍스트, 맥락 등의 사회적 요소들에 대한 고려를 통해 도출한 결과이다. 이러한 범주에 따라 국어과 비평 교육이 고려해야 할 비평 경험의 기능적 체계를 제시하면 다음과 같다.

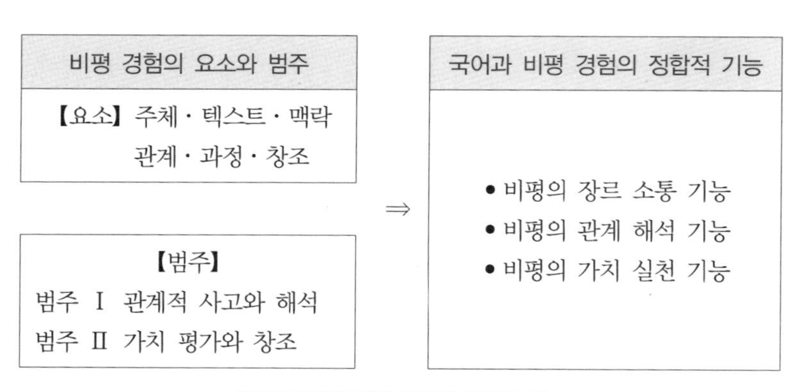

[표 7] 국어과 비평 경험의 정합적 기능

먼저 비평의 장르 소통 기능은 비평의 다른 사회적 기능을 성립시키는 토대적 역할을 수행한다. 비평은 해당 텍스트의 범주적 인식과 객관화, 그리고 텍스트의 범주적 기대와 실현을 평가하는 활동이 대부분을 차지한다. 이러한 활동은 해당 텍스트가 속한 범주를 인식하고 사회적인 공유와 소통을 염두에 둔 것이다. 하나의 범주나 장르에 비추어 텍스트를 평가하는 것은 텍스트가 그 범주에 속하기 위해 필요한 기준들을 충족하느냐의 여부 때문이 아니라 해당 범주가 기대하는 기능을 텍스트가 잘 수행하고 있느냐를 판단하기 위해서이다. 그러나 구조시학적 관점에서 실행된 기존의 비평 교육은 비평의 장르 소통적 기능에 대해 소홀한 측면이 적지 않다. 단지, 작품에 대한 외재적 접근이나 작품의 내재적 접근으로 비평 교육을 실행하는 데 치중하여 해당 텍스트가 어떠한 장르적, 맥락적 소통 과정에 놓여 있고, 발전해 왔는지에 대해서는 고려하지 못했던 것이다.

특히 비평에서 장르 소통 기능을 주목해야 하는 이유는 평가의 객관성에 기여하고 지지할 수 있는 힘으로 작용 가능하기 때문이다. 캐롤은 비평의 장르 분류와 소통적 역할에 관하여 '구조적 이유, 역사-맥락적 이유, 의도주의적 이유' 등 세 가지 관점에서 설명하고 있다. 먼저 비평에서 '구조'를 인식해야 하는 이유는 어떤 텍스트가 특정 범주에 속하는 것으로 평가되는 기존 작품이 지니고 있는 전형적인 자질들을 풍부하게 갖고 있다면 해당 텍스트가 그 범주에 속한다고 지지할 수 있는 강력한 이유를 가지게 된다는 것이다. 게다가 그러한 이유는 해당 자질의 양이 증가할수록, 그리고 그 특징들이 현저할수록 더욱 강력해진다. 반대로 텍스트가 해당 범주의 작품들과 공통적으로 가지는 자질이 거의 없거나 혹은 차이가 많을수록 그 범주에 속하게 될 여지는 줄어든다. 캐롤은 다빈치의 '최후의 만찬'을 사례로 들어 이 작품을 정물화가 아닌 종교화라는 범주에서 보아야 하는 까닭을 '최후의 만찬'과 다른 종교화 간의 공통점 그리고 다른 정물화 간의 차이점 등이 이 작품을 종교화로 분류할 수 있는 객관적인 근거라고 보았다. 범주화를 통한 분류는 검증이 가능하다는 점에서 객관적이고 합리적인 비평에 기여할 수 있다. 최후의 만찬'이 종교화의 특징적인 이미지들-예수와 제자들의 모습-

을 현저하게 드러내고 있는지의 여부는 주관적 기호의 문제가 아니기 때문이다.

뿐만 아니라 비평의 장르 소통적 기능은 텍스트를 '역사 맥락-제도적, 문화적 맥락-적' 관점에서 인식해야 한다는 사실과도 관계가 깊다. 하나의 텍스트가 특정한 예술사적 맥락에서 출현했고 해당 예술 제작 전통이 여전히 존속되고 있을 경우 해당 텍스트는 그러한 관행의 한 사례로 분류될 수 있다. 해당 텍스트의 역사적, 제도적, 문화적 맥락에 대한 고려는 비평 주체의 개인적 성향의 문제만으로는 읽기 어려우며 '올바른 범주란 곧 **역사적**으로 혹은 맥락적으로 올바른 범주이기 때문'(강조_원저자)이라는 인식이 전제되어야 한다. 뿐만 아니라 올바른 범주화라는 사안은 예술가의 의도와도 관련이 있다. 물론 대부분의 예술가가 자신의 작품을 어떤 범주에 속하도록 의도했는지 독자들에게 직접적으로 알리지 않고 있는 경우에도 텍스트의 범주적 의도를 파악하는 것은 어렵지 않다. 잘 알려진 사례지만 뒤샹이 변기를 미술관에 출품했을 때, 예술가는 그것을 하나의 미술품으로서, 그리고 발견된 오브제(founded object)로서 살펴봐주고 해석해 달라는 의도를 보인 것이다. 요컨대 텍스트의 구조적, 맥락적, 의도적 고려들은 텍스트를 범주로 분류할 때 객관적 근거로 기능할 수 있다. 따라서 그리고 텍스트의 범주화는 텍스트의 사회적 기능을 인식할 수 있는 준거로 작용한다는 점에서 비평이 수행해야 할 기능이다.

다음 비평의 관계 해석 기능은 객관적 요소인 텍스트와 주관적 요소인 주체, 그리고 이들이 형성하는 관계를 비평이 기민하게 포착하고 해석할 수 있어야 한다는 점에서 중요하다.[11] 따라서 비평 현상에서 주체는 데카르트의 코키토로 압축 요약되는 근대적 주체의 개념이 아니다. 근대적 주체는 대상을 의식하고 포착할 수 있는 유일한 중심점에 자신을 세우는 특권적 주체로서의 성격이 강하다. 그러나 앞에서도 기술했듯이 비평은 대상이나 세계와 비평 주체의 상호 교섭 과정이기 때문에 이때의 주체는 주체가 체험하는 구체적 경험과 이것에 대한 주체의 반응 그리고 그것을 가능하게 하는 복잡한 삶의 지평인 구조와의 전체적 그물망 속에서 이해할 필요가 있다(Ogilvie, Bertrand, 1993, 2002:39-45). 아울러 비평의 관계성을 이해하기 위해서는 비평에 참여하는 주체를 '현실 세계에 대한 민감한 반응의 한 계기'로서의 '경험하는 주체 그 자체'(화이트헤드, 1978:16)로 이해하는 것이 요구된다.[12] 특히, 비평의 관계 해석 기능은 교과별 내용을 고찰하여 도출한 '범주1 관계적 사고와 탐구'와 '범주2 해석과 소통'와 밀접하며, 비평의 가치 평가 기능을 위한 전제이자 근거로 작용한다.

마지막 비평의 가치 실천 기능은 비평의 평가적 본성과 관계가 깊다. 캐롤은 비평에서 평가적 본성을 적극적으로 지지해 왔지만 평가를 위해서는 텍스트에 대한 기술이나 분류, 맥락화, 해명과 해석, 분석 등이 뒷받침되어야 한다는 점을 강조한다. 이들 방법적 전

11) 함성민은 비판적 사고의 한 양상으로 관계 해석적 사고를 설정했다. 이에 대한 상세한 논의는 함성민(2016) 참조.

12) 자아는 아직 타자를 상정하지 못하는 주체 이전의 상태를 의미한다. 그와 대비해서 주체란 타자를 설정하고 관계를 형성해 가는 사회적 의미의 개체를 의미한다. 간단히 말해 자아는 주체의 심리적 구조이고 주체는 타자를 전제하는 대타자적 단위이다. 주체라는 용어는 철학적으로 많은 함의가 축적된 용어이다. 이에 대한 자세한 논의는 강유정(2003:289) 참조.

제들은 비평의 객관성을 지원하는 근거로 기능하는데, 예컨대 '분류'만 하더라도 비평 대상 텍스트를 포함하는 범주들이 특정한 목적과 기대를 내포하기 마련이고, 해당 목적과 기대를 만족시키는 일이 그런 종류의 텍스트가 수행하는 기능이기 때문이다.

> 비평에서 하나의 범주에 상대적으로 한 작품을 평가할 때, 우리가 작품을 칭찬하거나 비난하는 이유는 작품이 그 범주에 속하기 위해 필요한 기준들을 만족하고 있기 때문이 아니라, 그런 범주에서 기대되는 기능을 수행하고 있기 때문(혹은 수행하지 못하고 있기 때문)임을 분명히 해야 한다(Carroll, Noël, 2009, 2015:218).

텍스트를 '칭찬(혹은 비난)하는 이유'는 해당 텍스트가 범주의 기준을 충족하느냐의 여부에 있지 않고 '(자신이) 속하는 범주에서 기대되는 기능'의 수행 여부에 있으며, 그에 따라 텍스트의 가치가 결정된다. 따라서 비평을 구성하는 기술이나 분류, 맥락화, 해석 등의 요소는 비평을 가능하게 하는 가치 평가의 근거이자 토대로 작용한다. 결국 기술이나 분류, 맥락화, 분석, 해석, 평가 등 비평을 추동하는 요소들은 텍스트에 내함된 가치를 탐색하여 가려내는 기제로 기여하게 된다.

그러나 비평의 가치 평가는 단순히 텍스트의 가치에 대한 탐색과 판단에 한정되는 것은 곤란하다. 비평은 가치 평가의 결과를 타인과 함께 공유하고 공동체를 통해 실천할 때 의미가 있다. 비평이 개인적 행위이자 사회적 행위라는 복합적 성향을 동시에 함의하고 있다는 것은 비평의 가치 실천 기능 때문이라고 할 수 있다.

다음 절에서는 국어 교과서에 수록된 비평문을 대상으로 '다시 읽기'를 시도하는 방법으로 비평 경험의 수행적 기능을 고찰하고자 한다. '다시 읽기'를 시도하는 까닭은 비평이 경험적 속성을 함의하고 있음에도 불구하고 이러한 부분을 주목하지 못했던 기존의 비평 교육에 대한 반성인 동시에 향후 비평의 교육적 설계에서 선취해야 할 내용을 확인하고자 하기 때문이다.

2) 비평의 기능을 통한 비평 경험의 교육적 가치

(1) 비평의 장르 소통적 기능

비평은 텍스트의 가치를 평가하는 활동이다. 사실 텍스트는 항상 어떤 범주에 속하기 마련이다. 대부분의 텍스트는 생산되고, 수용되는 순간 회화, 조각, 음악, 문학, 연극, 무용, 건축, 영화 등의 예술 형식으로 분류된다. 텍스트를 특정한 범주로 인식하는 것은 동시에 그 텍스트에 적합한 비평의 유형을 모색한다는 것을 의미한다. 비평 대개가 주로 문학 비평, 영화 비평, 미술 비평, 연극 비평, 문화 비평 등은 물론 영화 장르만 하더라도 SF 영화, 액션 영화, 코미디나 멜로 영화 등 해당 텍스트가 속한 범주 명칭으로 분류되는 것도 텍스트에 대한 범주적 인식이 반영된 결과라고 할 수 있다.

물론, 근대 이후 새로운 실험의 형식들이 끊임없이 출현하고, 장르 간의 혼종 역시 더욱 가속화되어-앞으로 더욱 그러하겠지만-단순히, 보고 듣는 것만으로 어떤 장르에 속하는 것인지 말할 수 없는 텍스트가 많은 것이 사실이지만, 누구도 장르적 전통과 무관하거나 단절된 작품을 만들 수는 없다. 비평의 영역을 지칭하는 이러한 범주 명칭들은 단순히 영역이나 범주에 대한 지시적 호명이 아니라, 비평의 범주적 전문성을 한정하는 기호인 셈이다. 비평에 대하여 '文學 作品에 대한 解釋과 分析을 거쳐, 그것을 文學 傳統에 비추어 맥락을 짚어 주고 궁극적으로 문학 작품의 가치를 평가하는 문학의 한 영역'(김병욱, 1975:3)으로 이해한 전통적 견해 역시 작품에 대한 해석과 분석이라는 일차적 단계 이후 '個別 作品과 全體 文學 傳統 간의 관계를 규정'하는 일을 강조하는 까닭 역시, 마지막 단계의 '작품의 諸價値에 評價'를 위해 전제해야 할 과정으로 인식하기 때문이다. 개별 작품의 미적 가치를 문학사적 문법에 비추어 평가하는 것을 비평이 거쳐야 할 기본적인 과정으로 의식하고 있는 셈이다.

이러한 관점은 비교적 최근까지도 지속되어 '비평'은 해당 텍스트의 가치를 평가하는 활동이고, 텍스트의 가치 평가는 '텍스트의 장르 구별적 기능'(남민우, 2006: 72)을 전제한다는 관점에서도 확인할 수 있다. 그리고 비평의 문학사적, 장르적 인식이야말로 비평을 '문학 텍스트의 구조를 설명하고 의미를 이해하는 활동'(이인화, 2014:1)으로서 '해석'과 변별할 수 있는 지점이다. 개별 문학 텍스트에 대한 주체적인 해석의 중요성을 강조한다는 점에서 해석이 구체적이라면, 텍스트의 가치 평가를 위해서 해당 텍스트의 장르적 인식과 확산을 중시한다는 점에서 비평은 장르 소통적인 성향을 지닌다. 가령, 남민우가 주목한 바와 같이 신비평이나 형식주의가 문학 작품의 '미적 구조' 즉 텍스트의 '언어적 구성 요소들 간의 관계(질서, 포괄성, 다양성)'을 텍스트의 가치를 평가하는 장르 구별적 요소로 볼 수 있다. 해당 텍스트의 장르를 인식하는 것이야말로 비평가의 전문 지식이 발휘되는 가장 중요한 부분이라는 캐롤 역시 비평에서 장르 인식의 중요성을 강조하고 있다.

그러나 비평은 텍스트의 장르 구별적 기능에 한정할 수는 없다. 비평의 본성이 가치 평가에 있다면, 비평은 텍스트의 장르적 관습과 문법에 비추어 해당 텍스트의 장르적 가치를 평가하고 공동체 구성원과 공유하며 장르의 지평을 조정하고 공유하는 단계까지 수행될 필요가 있다. 따라서 비평의 장르 소통적 기능은 '장르 인식 기능'과 '장르 소통(공유) 기능'을 포함한다. 비평이 텍스트의 가치 평가를 하되, 해당 텍스트의 장르적 문법을 바탕으로 장르에 대한 인식과 사회적 공유를 구체적으로 수행하는 기제라는 점에서 비평 교육에서 비평의 장르 소통적 기능은 주목할 필요가 있다. 이 연구에서는 이를 염두에 두고 비평의 장르 소통적 기능을 '비평의 장르 인식 기능'과 '비평의 장르 공유 기능'으로 나누어 살펴 보고자 한다. 이 두 기능은 논의의 편의상 구분하는 것이고 실제 비평 행위에서는 서로 중첩되거나 혼재되어 실행되는 것이 보통이다.

1 비평의 장르 인식 기능

1 「시의 언어」

한국 현대시사에 등장하는 시인 가운데 김소월은 비교적 그 말씨가 평이한 경우로 알려져 있다. 특히 그의 산유화는 우리가 무시로 접하는 자연에서 그 제재가 택해진 작품이다....

> 이제까지 우리는 소월의 시가 왜 좋은 시인가를 설명하는 데 어려움을 겪고 있었다. 물론 그의 시는 음악성이나 독특한 감정으로도 우리를 매료시키는 면이 있다. 그러나 그 언어 역시 시적일 수 있는 요건으로 애매성 같은 것을 내포하고 있다. 그러니까 우리는 그의 시를 즐겨 읊조리는 것이다.[13](밑줄_인용자)

앞에서 강조했듯이 비평 경험 교육에서 강조하는 경험은 학습자의 긍정적 성장과 변화를 촉구하는 경험이어야 한다. 따라서 비평 경험 역시 학습자가 해당 작가나 작품에 대한 경험을 통해 학습자가 해당 장르에 대한 지속적인 관심과 애정을 창출할 수 있어야 한다. 김소월을 통해 한국의 시를 사랑하고, 운명 교향곡을 통해 베토벤을 즐길 수 있도록 구성되어야 하는 것이다. "비평가가 수행하는 주된 역할 중 하나는 일반 사람들을 위해 예술 작품이 속한 범주를 알려 주는 것이다"(Carroll, Noël, 2009, 2015:130)라는 캐롤의 지적처럼, 비평은 해당 텍스트가 속한 장르의 가치를 인식하고 소통하며 확산해야 한다. 적어도 비평이라면, 자신이 해석하는 예술 형식의 역사와 과거 번성했던 관련 범주들에 관한 지식을 갖출 필요가 있다.

이를테면 위의 인용문의 경우, 이 비평 독자는 김소월을 '한국 현대시사에 등장하는 시인'으로 규정하며 출발하고 있다. 김소월이라는 시인을 한국 현대시사라는 장르적 전통에서 대표적인 시인으로 인식하는 것은 적어도 그가 김소월의 시가 속한 한국 현대시를 다른 범주들의 장르적 문법이나 역사와 구분할 줄 안다는 것이다. 그런데 김소월의 시를 현대시사에 등극시켜 왔으면서도 정작 '그런

13) 김용직, 「시의 언어」, 박호영 외(2010), 『국어(하)』, (주)유웨이중앙교육, 231쪽.

소월의 시가 왜 좋은 시인가를 설명하는 데는 어려움을 겪고 있었다'고 토로한다. 그러나 그의 시의 매력이 '애매성 같은 것'임을 알게 되었고, 이 '애매성 같은 것'은 '시적일 수 있는 요건'이라는 점을 들어 소월 시를 '즐겨 읊조리는 것'이라는 것이라고 평가하고 있다. 다시 말해 소월시의 애매성은 좋은 시가 가지고 있는 시적 요건인 '애매성 같은 것'을 소월 시 역시 지니고 있기 때문에 '좋은 시'로 평가되어 오늘날 독자들을 '매료'시킨다는 것이다. 사실, 이 부분은 중요한데, '좋은 시'라면 '압축을 통한 시적 형상화'라는 장르적 기능을 보유하지 않는다면, 소월 시에서의 '애매성'이 소월 시를 좋은 시로 평가할 수 있는 기능적 요소로 평가받을 수 없을 것이다.

위 독자는 김소월의 시 '산유화'에서 '애매성'을 주목하고, 이것이 '좋은 시'의 장르적 특성을 보여주는 요소라는 밝혀내어, 김소월의 시를 '한국 현대시사'의 '좋은 시'라는 사실에 이르고 있는 셈이다. 위 독자가 '산유화'에서 '애매성'을 찾아 내어 텍스트의 의미를 풍요롭게 해석하는 데 그치고 있다면 비평이라고 할 수는 없다. 위 독자는 텍스트의 요소를 해당 텍스트의 장르적 기능과의 관계 속에서 규명하여 '시비평'으로서의 정체성을 확보하고 있는 셈이다. 또다른 비평 사례를 살펴보자.

[2] 비평의 장르 공유 기능

2-① 「동천(冬天)'의 구조와 초월적 상상력」

좋은 시에는 시인의 감각이나 정서 혹은 사상이 잘 형상화되어 있다. 그것은 매우 명료한 진술의 형태로 나타나기도 하고,

> 비유적 형상을 통해 암시적으로 드러나기도 한다. 우리는 한 편의 시를 통해 시인의 심미적 경험과, 상상력을 통해 대상을 구체화하는 과정을 알 수 있다. 이를 바탕으로 거기에 담긴 시인의 감각과 정서와 사상을 느낄 수 있게 된다. 다음 작품 역시 그러한 과정을 잘 보여주는 시이다.[14](밑줄_인용자)

2-①은 서정주의 '동천'에 대한 시비평의 일부이다. 이 독자는 '좋은 시'를 '시인의 감각이나 정서 혹은 사상이 잘 형상화'된 시라고 인식하고 있다. 따라서 좋은 시라면 독자인 '우리'로 하여금 '한 편의 시를 통해 시인의 심미적 경험과 상상력을 통해 대상을 구체화하는 과정'을 상상할 수 있게 한다는 것이다. 비평 주체는 다른 장르와 달리 '좋은 시'가 가지는 장르적 기능에 대한 인식을 보여주고 있다. 그리고 이 비평에서 읽으려는 텍스트인 '동천'이 시인의 심미적 경험을 형식과 내용으로 잘 형상화한('잘 보여주는') 텍스트임을 비평적 과정으로 보여주고 있다. 그런데 이 비평을 적극적으로 읽어야 하는 이유는 '동천'에 대한 비평을 마무리짓는 다음과 같은 부분이다.

> **2**-② 결국, 이 시는 사랑을 완성하려는 인간의 지극한 정성에 하늘도 감동하는 세계를 보여준다. 즉, 오랜 시간을 통해 이룩한 사랑과 정성에 자연조차 외경(畏敬)으로 다가온다는 메시지를 담고 있다. 그래서 이 작품의 핵심에는 지극한 사랑과 정

14) 유성호, 「동천(冬天)'의 구조와 초월적 상상력」, 우한용 외(2010), 『고등학교 국어(하)』, 두산동아, 188쪽.

> 성이 하늘의 조응과 공감을 부르는 과정, 곧 '지성이면 감천'이라는 해묵은 이법이 담겨 있다...(중략)
>
> 이처럼 서정주의 '동천'은 한국인의 오랜 감각과 생각을 온전한 형식과 내용으로 담아낸 뛰어난 작품이다. 우리는 이 작품을 통해 시인의 심미적 경험을 접하고, 상상력을 통해 대상을 새롭게 조명하는 과정을 알 수 있게 된다. 이를 바탕으로 작품에 담긴 시인의 감각과 정서, 사상에 공감하며 감동을 체험할 수 있게 되는 것이다.(밑줄_인용자)

2-①, ②의 독자는 '동천'을 '오랜 시간을 통해 이룩한 사랑과 정성에 자연조차 외경(畏敬)으로 다가온다는 메시지'로 읽고 있다. 그리고 이러한 메시지를 우리의 전통적, 관습적 '이법'으로서 '지성이면 감천'이라는 표현으로 귀결하고 있다. 시를 두고, 단지 장르적 요소를 갖춘다고 좋은 시라고 할 수는 없다. 모든 텍스트는 사회 문화적 맥락 속에서 소통되고, 이러한 사회 문화적 맥락은 시 텍스트의 생산과 소통의 관습적, 환경적 조건으로 기여하기 때문에 장르에 대한 사회 문화적 이해가 요구된다. 위 독자가 이 시에서 읽어낸 '사랑을 완성하려는 인간의 지극한 정성에 하늘도 감동하는 세계'를 '지성이면 감천'의 이법으로 풀어낸 후 최종적으로 '한국인의 오랜 감각과 생각을 온전한 형식과 내용으로 담아낸 뛰어난 작품'으로 시적 가치를 평가하는 장면은 시의 장르적 관습을 존중하고 공동체적 공유와 소통에 대한 비평가적 의지를 보여주고 있는 부분이라고 할 수 있다. 다음은 미술 비평의 사례이다.

3-① 「민화(民話)에 담긴 선인들의 마음」

안녕하세요. 오늘 이 시간에는 ㉠ 우리 선인들의 그림, 그 중에서도 민화(民話)를 보고 느낀 점에 대해 여러분과 대화를 나눌까 합니다. 물론 정선이나 김홍도, 신윤복과 같은 훌륭한 화가들의 좋은 그림도 많지만, ㉡ 미술 전문가가 아닌 사람들이 보다 편안하게 접근하고, 쉽게 감상할 수 있는 것은 민화가 아닐까 생각합니다.

물론 ㉢ 민화하고 해서 아무렇게나 막 그린 것은 아닙니다. 우리 조상들은 민화를 그려도 이 정도는 그렸습니다. <그림1>을 보실까요? ㉣ 사실 민화라는 것은 그림을 제대로 배어 본 적이 없는 환쟁이가 그렸기 때문에, 해부학적으로는 문제가 많습니다만 그 느낌이 아주 정답습니다....(중략)...

우리 선인들은 남들이 하는 대로 따라 하는 것을 부끄러워하거나 싫어해서, 같은 '까치 호랑이' 그림이라 해도 제각기 다 달랐습니다. <그림3>을 보십시오! '까치 호랑이'라도 이렇게 서로 다른 것을 그렸습니다. 이 호랑이는 보디빌딩을 한 것 같지요? 그리고 사람도 대개 몸집 좋은 이들 중에 오히려 유순한 성품의 사람이 많듯이 얼굴 표정이 상당히 멍청하고, 게다가 귀가 너덜너덜해서 어벙하기 그지 없습니다. 그런데 호랑이에 비하면 까치는 부리며 깃이며 온통 뾰족뾰족하게 그려진 데다 눈은 또 또랑또랑해서, 마치 "너 지금 몇 번 얘기해 줘도 못 알아듣는 거냐?"하고 야단치는 것 같죠. 그리고 마치 어린이들 그림에서 여백없이 공간을 꽉 채우듯이, 화가는 화폭을 가득 메워 그렸습니다. 이런 순진한 그림에서는 해부학적으로 맞느냐 안 맞느냐가 중요한 점이 아니고, 그림에 생기가 있는가 없는가, 즉 그림이 통째로 살아있는가 아닌가 하는 점이 초점이 됩

> 니다. 이렇게 멋진 민화를 그린 환쟁이가 현대에 태어났다면 틀림없이 훌륭한 예술가가 되었을 겁니다.[15](밑줄_인용자)

위 비평은 '민화(民話)'를 대상으로 한 미술 비평이다. 위 비평 주체는 '민화'라는 장르를 ㉠에서와 같이 '우리 선인들의 그림'이라고 설정하며 민화의 장르적 이해를 열고 있다. 이어 ㉡, ㉢, ㉣을 통해 민화라는 장르에 대한 이해를 보다 강화하며 장르로서 민화의 가치에 대해 기술하고 있다. 예컨대, 민화는 미술 전문가가 아닌 일반인들이 편안하게 접근하고 쉽게 감상할 수 있는 그림이라는 사실을 통해(㉡) 미술 장르 중에서도 접근과 감상이 용이하다는 점을 들어 민화의 대중적 가치에 주목한다. 그렇다고 민화가 대중적이라고 해서 '아무렇게나 막 그린 것'은 아니라는 사실을 강조한다(㉢). 민화는 임의적이거나 독자적인 그림이 아니라 일정한 장르적 전통과 관습을 지니고 있다는 점을 주목한다. ㉣에서 기술하는 바와 같이 민화라는 장르는 '그림을 제대로 배워 본 적이 없는 환쟁이'의 그림이기 때문에 표현이나 구조 등 미술의 규범적 문법의 잣대를 적용하기 보다는 이러한 그림이 가지고 있는 '정다운 느낌'에 주목할 것을 요구하고 이것이야말로 민화의 장르적 정체성을 보여주는 특질이라고 제시하고 있다. 특히 이 비평가는 "우리 역사의 유년기인 고대(古代) 그림에 보이는 순수하고 발랄한 기운"(209-210)을 민화를 통해 느낄 수 있다는 점을 들어 민화가 우리 민족의 정서와 가치관을 잘 구현하고 있다고 역설하고 있다.

---

15) 오주석, 「민화(民話)에 담긴 선인들의 마음」, 박호영(2010), 『고등학교 국어(하)』, (주)유웨이중앙교육, 209쪽.

> ■3-② "하지만 재미있죠! 이 그림 보고 싶다고 할 사람 있습니까? 이게 민화죠! 이를테면 정통 회화가 제대로 공부 많이 한 사람의 그림이라고 하면, 민화라는 것은 마치 동네의 착한 가게 아저씨 같은 그림이죠. 많이 배우신 것은 없지만 인간적으로 사람이 참 따뜻하고 좋아서, 퇴근 후 피곤할 때 그 양반하고 그냥 객쩍은 소리나 하면서 차 한잔 나누면 기분이 좋아질 것 같은, 그런 식의 아름다움을 보여 줍니다.
> 이처럼 민화에는 선인들이 가지고 있던 발랄한 기운과 예술적 재능이 고스란히 나타나 있고, 또 힘들고 거친 삶을 해학과 기지로 이겨 내려는 모습이 담겨 있다고 할 수 있습니다. 서양의 유명한 미술 작품 못지 않은 민화를 보면서 선인들의 마음을 고스란히 느낄 수 있는 좋은 기회였다고 생각합니다."(밑줄_인용자)

비평은 주어진 텍스트 자체 혹은 텍스트 속의 기능적 요소들에 주목하는 것만을 의미하지는 않는다. 해당 텍스트가 상상하고 지향하는 장르적 자질에 주목하고, 텍스트를 통해 장르적 가치를 밝혀내어 공동체의 공유와 사회적 소통을 의도하고 확산할 필요가 있다. 비평 교육에서 경험적 접근을 강조하는 것은, 장르적 경험의 조건이나 환경에 근거하여 독자가 해당 경험을 하고 싶은 충동이 일어날 수 있는 환경을 제시하여 새로운 경험 과정으로 이끄는 데 의미가 있기 때문이다.

위의 예로 보자면, 민화의 비평 경험은 민화를 경험하는 새로운 비평의 장으로 진입하려는 욕망을 창출할 수 있어야 한다. 위 비평가는 '까치 호랑이'라는 유사한 제재를 대상으로 한 민화의 세 사례를 통해, '발랄한 기운, 예술적 재능, 해학과 기지 등'의 민화의 장르적 자질을 밝혀내고, '서양의 유명한 미술 작품 못지않은 민화'라는 평가를 내림으로써 민화에 대한 비평 주체 자신의 긍정적인 장르 경험을 보여주고 있다. 텍스트에 대한 이러한 비평적 경험은 미술 장르로서 '민화'의 가치에 주목하여 ㉠과 같이 '이게 민화다'라는 장르적 가치를 자신 있는 어조로 역설한다. 그리고 민화의 '아름다움' 즉 민화를 두고 편안하고 순박한 '동네의 착한 아저씨 같은 그림'이라는 가치 평가를 부여함으로써, 민화의 장르적 공유와 확산에 대한 비평적 지향을 보여준다.

비평이 처음에는 무엇인지 알 수 없는 작품을 특정 범주에 위치시키고, 그러한 예술 범주가 어떤 목적과 원리를 가졌는지 설명함으로써 해당 작품이 그러한 범주가 지니는 기율과 성격에 어느 정도 성공했는지 가늠하는 것이 비평인 셈이다. 물론 때때로 해당 작품이 어디에 속하는지를 공들여 생각해야 할 경우도 있다. 이태준의 『사상의 월야』를 교양 소설로 분류할 때 해당 작품과 그 작품이 속할 것이라고 생각되는 장르의 작품들 간의 유사성을 기술하기 위해 애를 써야 하기 때문이다. 그리고 해당 작품이 어느 범주에 속한다는 식으로 기술한다는 것은 그 대상의 평가에 적절한 기준을 암묵적으로 드러내는 것이기 때문에 평가의 기능을 동시에 수행하게 된다. 따라서 장르를 인식, 분류하고, 사회적으로 공유하는 과정은 그 자체로 평가의 역할까지 수행하기 때문에 비평의 중요한 기능이라 할 수 있다.

장르의 맥락적 가치는 시대와 문화에 따라 다양하게 나타나는 안정적 균형과 일탈 및 변형의 편차와 그 역사적 형태를 이해하는 방향에서 이루어질 때 온전하게 구현될 수 있다. 따라서 장르에 대한 지식은 궁극적으로 당대의 언어문화의 예술적 형상 작업에 대한 총체적 인식으로 확산시키기 위해 필요하다(박윤우, 2008: 7). 박윤우가 적절하게 예를 들었듯이 고려가요에서 시조로의 양식 전이가 보여주는 율격적 측면의 변화 과정은 3음보에 의한 자유분방한 민중적 상상력과 4음보격이 빚어내는 사대부의 안정적 세계관 사이의 대비 관계를 고려할 때 비로소 장르 소통에 대한 비평적 시각이 확보될 수 있기 때문이다.

비평이 가지는 이와 같은 장르 소통적 기능을 염두에 둘 때, 현재 국어과 비평 교육의 '언어활동'에 대한 교육 방식은 대단히 형식적이고 단조롭기 그지없다. 텍스트의 장르를 주목하는 활동마저도 해당 텍스트가 속한 장르적 문법이나 소통을 염두에 두지 않은 채, '글쓴이가 비평하고 있는 작품에 대한 정보를 글에서 찾아 정리해 보자'나 '시를 읽고 난 후의 느낌과 인상을 정리해 보자' 등과 같이 비평문의 '내용'만을 사실적으로 확인하거나 혹은 추상적인 성격의 활동이 대부분이다. 이러한 활동을 통해서는 좋은 비평 활동에서 보이는 장르적 가치에 대한 인식이나 공유에 대한 비평적 의지를 미처 확인도 못하기 십상이다.

비평의 장르 소통적 기능의 활성화를 위한 언어활동은, '시(소설, 영화 등) 어떠한 성격을 중심으로', '시(소설)의 요소 중에서'와 같이 장르의 성격을 열어 두는 방식이나 '소설의 현실 반영적 성격을 고려하여, 해석/평가하고 있는가', '현대 미술의 (추상적/실험적…) 성격에 비추어' 등과 같이 특정 성격을 지정하여, 해당 비평이 주목하는 내용을 탐구하는 활동을 고려할 수 있다. 그럴 경우, 종전에 작가, 독자, 현실 등의 관점에서 해당 텍스트를 보게 하는 익숙한 방법에서 벗어나 해당 장르의 본질과 개성을 존중하고, 나아가 해당 장르의 사회적 공유와 소통의 정당성을 탐색할 수 있는 장점이 있다. 비평의 본질은 텍스트의 가치를 밝혀내어 긍정적인 소통의 장으로 진입시키는 데 있다는 점에서 장르의 가치에 대한 공유와 확산에 대한 의지가 전제될 필요가 있다.

(2) 비평의 관계적 사고와 해석 기능

이 절에서는 비평 경험을 통해 주체가 대상이나 세계와 맺는 관계적 성격에 주목하고 관계적 주체로서 세계를 인식하고 조정하는 모습을 고찰하기로 한다. 관계적 주체가 비평 경험을 수행하는 과정은 다음과 같은 단계를 거칠 수 있다. 비평은 주체가 텍스트와 대상을 발견하고 대상과의 관계를 설정하거나 인식하는 것에서 시작해서 비평 상황을 구성하고 관계를 해석하는 활동으로 구성된다. 이를 '대상의 발견과 관계적 사고'와 '상황 구성과 관계 해석'으로 설정할 수 있다.

1 대상의 발견과 관계적 사고

1-① 「어느 가슴엔들 시가 꽃피지 않으랴」
1952년에 발표된 '꽃'을 처음 읽은 건 사춘기의 꽃무늬 책받

> 침에서였다. '그'가 '너'로 되기, '나'와 '너'로 관계 맺기, 서로에게 '무엇'이 되기, 그것이 곧 이름을 불러 준다는 것이구나 했다. 그러니까 사랑한다는 것이구나 했다. 이름을 부른다는 게 존재의 의미를 인식하는 것이며, 이름이야말로 인식의 근본 조건이라는 걸 알게 된 건 훨씬 나중의 일이었다...
>
> 그러나 늦게 부르는 이름도 있고 빨리 부르는 이름도 있다. 내 곶임에도 내가 부르기 전에 불리기도 하고, 네 꽃임에도 기어코 네가 부르지 않기도 한다. 빛깔과 향기에 알맞은 이름을 부르는 것의 운명적 호명(呼名)이여! '하나의 몸짓'에서, 잊혀지지 않는 '하나의 눈짓'이 되는 것의 신비로움이여! 내가 본 가장 아름다운 꽃은 나를 보는 너의 눈부처 속 꽃이었으나, 내가 본 가장 무서운 꽃은 나를 등진 너의 눈부처 속 꽃이었다.[16](밑줄_인용자)

텍스트 앞의 독자는 진공 상태의 독자가 아니다. 그는 실재 세계를 살아가는 존재이자 구체적인 삶을 살아가며 세계와 관계를 형성하며 축적된 경험들로 구성된 존재이다. 경험을 축적하는 존재로서 독자는 텍스트와 관계를 설정하는 상황에 직면하여 과거부터 축적되어온 경험들이 어느덧 작용하고 있다는 점을 알아챈다. 텍스트를 읽는 과정에서 발생하는 주체의 반응과 판단은 오랜 세월 독자에게 축적된 경험이면서 미래를 향한 가능성의 현재적 모습인 셈이다.

예컨대 위의 비평 과정에서 독자는 자신의 앞에 놓인 '김춘수의 시 꽃'을 바라보며 이 시를 처음 알게 된 사춘기 때로 돌아간다. 그

16) 「어느 가슴엔들 시가 꽃피지 않으랴1:애송시(민음사, 2008)」 수록 비평문, 김종철 외(2010), 『고등학교 국어(하)』, 천재교육, 61쪽.

리고 그 사춘기 시절 꽃과의 만남의 경험을 소환하는 것으로 비평을 시작한다. 이 독자는 '사춘기의 꽃무늬 책받침'을 통한 '꽃'과의 첫 만남의 경험은 이 시를 '사춘기'라는 표현에서 이미 예상되었듯이 '김춘수의 꽃'을 '그것이 곧 이름을 불러준다는 것이구나 했다. 그러니까 사랑한다는 것이구나'라는 것이었다. 독자가 오랜 시간 자신을 구성해 온 수많은 경험 중에서 이미 '사춘기'를 꺼내왔을 때 이 시는 '새로운 관계에 대한 설렘과 사랑의 시기'라는 의미까지 함께 소환된 것이다. 이 독자는 김춘수 시에 대한 비평적 읽기를 사춘기 시절 사랑의 시로 만나게 된 경험으로 텍스트와의 관계를 설정한 것이다.

그러나 여기서 간과해서는 안 되는 것은 경험이란 고정 불변의 형태로 존재하지 않는다는 점이다. 인간이 대면하고 소통하는 다양한 상황 속에서 어떠한 관계를 형성하고 창출하느냐에 따라 경험 역시 축적되고, 변화하며 새로운 경험으로 재구성되기 때문이다. 경험의 재구성과 성장이 가능하기 때문에 동일한 텍스트라도 다르게 읽히기 마련이다. 따라서 "이름을 부른다는 게 존재의 의미를 인식하는 것이며, 이름이야말로 인식의 근본 조건이라는 걸 알게 된 건 훨씬 나중의 일이었다"와 같이 처음에는 사랑의 시로 읽었다가 많은 시간이 지난 '훨씬 나중'에는 존재의 시로 이해되었다는 고백이 가능해진다.

이와 같이 인간에게 축적된 경험은 텍스트 앞에서 자연스럽게 과거와 현재를 되돌아보는 성찰적 과정을 통해 비평의 관계를 설정하는 계기로 작용한다. 독자의 경험은 현재의 비평적 관계를 형성하고 새로운 비평 경험을 창출하는 토대로 기능하는 셈이다. 비평 주체는 자신의 선험적이거나 절대적인 의식을 기준으로 삼아 외부에서 주어지는 자료로서의 세계에 대응하는 것이 아니라 지금까지 축적된 경험을 통해 대상과 세계에 대한 관계를 새롭게 형성하고 재구성하는 존재인 셈이다.

2 「윤동주 시 깊이 읽기」

> 고향에 돌아온 날 밤에 /내 백골이 따라와 한방에 누웠다.
> 어둔 방은 우주로 통하고/하늘에선가 소리처럼 바람이 불어온다.
>
> 윤동주의 시에서 '방'은 대부분 외부로부터 격리된 공간으로 나타나는데, 이 시에서는 자신이 누운 방이 우주와 통하며 하늘에서 바람이 불어온다고 말한다. '바람'은 격리된 자아를 외부 세계와 연결해 주는 매개체이다. 화자는 밀폐된 방 안에 누워 있지만 바람을 통해 세계와 연결되기에 '어둔 방은 우주로 통한다'고 말할 수 있다. 여기서 고립된 거주 공간인 방은 시대와 역사로 통하는 열린 공간으로 변화한다.[17](밑줄_인용자)

비평 주체는 윤동주의 '고향'이라는 텍스트에서 시적 대상으로서 '방'과 '바람'에 주목하고 있다. 독자는 윤동주의 시에서 '방'이 '대부분 외부로부터 격리된 공간'으로 나타나는 것으로, '윤동주의 시'

17) 유종호, 「청순성의 시, 윤동주의 시」, 김종철 외(2010), 『고등학교 국어(하)』, 천재교육, 59쪽.

라는 텍스트에서 시적 대상('방')의 관계를 인식하고 있다. 그 결과 '대부분 외부로부터 격리된 공간'으로서 '방'은, '윤동주 시'라는 텍스트에서 '밀폐와 고립'이라는 부정적이고 어두운 가치를 함의하는 공간으로 평가되고 있다. '방'에 대한 이러한 평가는 방 자체가 그런 속성을 가지고 있다기보다는 텍스트 내에서 '방'이 '백골과 함께 누운 방', '어두운 방' 등과 관계를 이루고 있는 점에 주목한 결과이다. 이때, 독자가 비평적 공간에 또 다른 대상으로서 '바람'을 호명하고 있다는 점을 눈여겨 볼 필요가 있다. 독자는 텍스트 안에서 '바람'이 '격리된 자아를 외부 세계와 연결해 주는 매개체'라고 인식하고 있다. 그리고 이 '바람' 역시 '어둔 방이 우주로 통하고, 그 하늘 어디에선가 바람이 불어온다'는 표현과의 관계에 대한 인식의 결과이다.

결국 독자는 '또 다른 고향'이라는 텍스트에서 '방'과 '바람'이라는 시적 대상에 주목하고 있지만, 이러한 대상을 보편적 의미로 인식하고 있지 않다. 독자는 텍스트 내에서 이 대상들이 다른 언어적 표현과 맺는 관계에 주목하고, 그 인식의 결과를 제시한 것이다. 즉 텍스트 내에서 '방'을 감각하고 느끼는 화자의 언어적 표현들의 관계를 바탕으로 시적 대상의 의미를 이해하고 있는 것이라 할 수 있다. 그 결과 비평 주체는 텍스트의 '고립된 거주 공간인 방'이 바깥에서 불어오는 '바람'을 통해 '시대와 역사로 통하는 열린 공간'으로 전화하는 순간을 시적으로 형상화한 텍스트로 수용하고 있다.

1-② 백일 내내 핀다는 백일홍은 예외로 치자. 천 년에 한

> 번 핀다는 우담바라도 논외로 치자. 꽃이 피어 있는 날을 5일쯤이라 치면, 꽃나무에게 꽃인 시간은 365일 중 고작 5일인 셈. 인간의 평균 수명을 70년으로 치면, 우리 생에서 꽃 핀 시간은 단 1년? 꽃은 일생이 아름답되 짧고, 고독하기에 연대해야 한다.는 걸 깨닫게 한다. 내가 그의 이름을 불러주고 그가 나의 이름을 불러 주면, 서로에게 꽃으로 피면, 서로를 껴안는 이유일 것이다.(밑줄_인용자)

독자는 그동안 친숙하게 생각해 왔던 대상이지만 익숙하지 않은 언어적 표현을 통해서 대상을 새롭게 인식하는 경우들이 있다. 예컨대 1-②의 독자가 꽃에 대해 인식하는 장면도 그러하다. '꽃'은 독자에게 친숙하고 일상적인 대상이었다. 그러나 내가 그의 이름을 불러주자 나에게로 와서 꽃이 되었다는 점, 이 빛깔과 향기(香氣)에 알맞은 이름에 대한 소망 등의 시적 표현을 통해 꽃은 재인식되기 시작한 것이다. 그리하여 꽃은 사물로서의 꽃을 넘어서 '이름'으로, '잊혀지지 않는 하나의 눈짓'이라는 기의를 함축하게 되었다.

이러한 꽃에 대한 특별한 존재이자 관계로서의 의미의 투사는 독자로 하여금 대상으로서 꽃에 대한 재인식의 계기로 작용하여 새로운 관계를 형성하고자 한다. 이를테면 비평 주체는 대상으로서의 '꽃'의 범주의 제한을 통해 '꽃'과의 관계를 조정하고 있다. 주체가 관계 맺으려는 꽃은 백일 내내 피는 꽃이나 천년에 한 번 피는 꽃과 같이 예외적인 사례는 아니다. 그는 일 년에 꽃이 피어 있는 날이 5일 정도인 보편적이고 일상적인 꽃을 설정하여, 꽃의 수명과 인간의 수명을 등가화하여 인식하고 있다. 그리하여 비평 주체는 '인간의 평균 수명을 70년으로 치면, 우리 생에서 꽃 핀 시간은 단 1년?' 에 불과하다는 아쉬움을 물음표를 통해 강조하고 있다. 그리고 그 아쉬움은 독자의 다음과 같은 "꽃은 일생이 아름답되 짧고, 고독하기에 연대해야 한다는 걸 깨닫게 한다"라는 진술로 표현된다. "너는 나에게 나는 너에게/잊혀지지 않는 하나의 눈짓이 되고 싶다."는 화자의 갈망을 비평 주체는 아름답지만 짧고 고독한 꽃의 속성에 주목하여 '연대', 즉 '서로를 껴안는 이유'에 대한 화자의 소망으로 읽어내고 있는 셈이다. 독자의 이러한 접근은 처음 '꽃'을 읽었을 때 '사랑'의 시로 받아들였던 사춘기 때의 반응에서 새롭게 탐색된 지점이다. 이 과정에서 나타난 발견은 기존에 독자가 꽃과 맺었던 관계를 배경으로 한 것인 동시에 새로운 관계인 셈이다.

(3) 상황 구성과 관계 해석

비평 주체로서 독자가 대상을 발견하고, 비평적 관계를 인식하고 설정하는 것으로 비평이 끝나는 것은 아니다. 동일한 대상이라 하더라도 그 대상이 놓여 있는 상황을 비평 주체가 어떻게 해석하고 조정하는가에 따라 텍스트에 대한 평가가 달라지기 때문이다. 비평 주체의 상황 구성은 주체가 대상을 개별적, 단독적으로 인식하는 것이 아니라 대상이 놓여 있는 맥락을 탐색하고 그 관계를 해석하고 조정하는 것을 말한다. 상황의 구성은 대상이 자신을 드러내는 맥락에 대한 메타적인 평가를 보다 활발하게 요구한다는 점에서 가치 평가 경험으로서의 성격을 가진다. 상황 구성 자체가 평가를 추동한다기보다는 그러한 평가를 가능하게 하는 독자의 상황 구성이

추진되면서 가치 평가가 뒤따르는 셈이다.

> ■3 「청순성의 시, 윤동주의 시」[18]
>
> ㉠ 젊은이들에게는 한 번쯤 정체성의 위기나 획득을 향한 모색의 시기가 찾아오기 마련이다. '어떻게 살 것인가'하는 문제가 커다랗게 마음을 사로잡는 것이 다 그 때문이다. 이처럼 길의 모색 혹은 구도적 자세는 윤동주 시편의 중요 특징이다. 청년들이 애송하는 '서시'의 전언이 매력적인 이유도 거기에 있다. ㉡그런데 시인이 '나한테 주어진 길을 걸어가야겠다.'고 할 때 그 길이 처음부터 자명한 것은 아니다. 주어진 길이라는 것은 사실은 스스로 모색하고 발전시켜야 할 어떤 것이다. 윤동주의 구도적 모색은 이 주어진 길을 찾는 과정이라고 말할 수 있다. ㉢어떻게 보면 사람살이는 누구에게 있어서나 주어진 자신의 길을 찾는 것이기도 하다.(밑줄_인용자)

비평 주체는 젊은 시절, 누구나 한번쯤 겪었을 정체성의 위기나 획득을 향한 모색의 경험을 상기하고 있다. 이러한 경험은 비평 주체로서 독자 자신도 겪었고, 다른 젊은이들도 겪었을 경험이며 윤동주의 시 역시 바로 이러한 보편적 경험을 바탕으로 하고 있다고 본다. '청년들이 애송하는 '서시'의 전언이 매력적인 이유'도 젊은 시절 누구나 한번쯤 사유했던 '길의 모색 혹은 구도적 자세'에 대한 보편적 공감 때문인 것이다. 즉, 독자로서 비평 주체는 젊은 시절 '어떻게 살 것인가'라는 질문을 품고 살았던 사람이라면 '서시'의

18) 유종호, 「청순성의 시, 윤동주의 시」, 김종철 외(2010), 『고등학교 국어(하)』, 천재교육, 48쪽.

전언에 공감하지 않을 수 없다고 함으로써, 텍스트와 자신을 동일시하고 친연적인 관계를 형성한다.

그런데, 보편적 동일시를 통해 텍스트와 관계를 형성한 독자는, 텍스트에 대한 자신의 주체적인 해석을 제시한다. 독자가 생각하기에, "'나한테 주어진 길을 걸어가야겠다.'고 할 때 그 길이 처음부터 자명한 것은 아니"라는 것이다. ㉠에서 고백했듯이 자신의 젊은 날의 경험에 비추어 볼 때, 텍스트에서 '주어진 길이라는 것은 사실은 스스로 모색하고 발전시켜야 할 어떤 것'으로서의 길이라는 의미를 지니는 것으로 해석하고 조정하고 있는 것이다. ㉡을 통해 보여준, '주어진 길'에 대한 독자의 의미 조정은 '길의 모색'이라는 텍스트의 경험에 대한 독자의 공감, 그리고 '주어진 길'을 '주어진 것으로서 자명한 어떤 것'이 아닌 '스스로 모색하고 발전시켜야 할 어떤 것으로서의 길'이라는 의미로 조정하고 해석한 것이라고 할 수 있다. 그 결과 ㉢과 같이 "어떻게 보면 사람살이는 누구에게 있어서나 주어진 자신의 길을 찾는 것이기도 하다"라는 일반화가 가능해진 것이기도 하다.

4 「시의 언어」

㉠이런 각도에서 보면 소월은 아주 소박한 감정을 지닌 시인이다. ㉡그는 자신의 '임'이 자연인 줄도 몰랐다. 그렇게 까마득히 모르는 상태에서 그는 무작정 자연에 이끌리는 마음을 주체할 수가 없었다. 그 결과로 쓰인 것이 '산유화'가 되는 셈이다. 그런데 이렇게 강력히 자연에 이끌리는 마음을 가졌는데도 소월은 근대 사회의 일원이었다. 그리하여 그는 옛날 우리 선

> 인들처럼 그대로 자연에 귀의하여 그 속에 파묻혀 살 수가 없었던 것이다. 김동리는 '산유화'가 그런 마음의 상태에서 읊조려진 것이라고 규정했다.[19](밑줄_인용자)

위 독자는 비평 대상인 김소월과 '동일시'하거나 '거리 두기'를 넘나들고 있다. ㉠은 '김소월'에 대한 독자의 평가적 진술이다. 그런데 바로 뒤이은 ㉡은 주체가 '김소월'인지, 독자인지 구분하기가 쉽지 않다. '자신의 '임'이 자연인 줄도 몰랐다'는 것은 독자의 생각으로 보이지만, 이를 소월을 주어로('그는') 제시함으로써 소월의 생각으로 전이하고 있는 것이다. 비평 주체인 독자와 비평 대상의 동일화가 일어나는 지점이다. 그런데 흥미로운 것은 다시 이 독자는 비평 대상과 거리를 설정하고 있다는 점이다. '소월은 근대 사회의 일원이었다'라는 평가적 진술을 통해 대상에 대한 객관화를 시도하고 있는 것이다. 결국 이 시의 독자는 소월 시라는 비평 대상과의 동일시와 거리 두기를 반복하여 실행함으로써 대상과의 관계를 조정하고 있는 셈이다. 대상에 밀착했던 독자 자신을 '김동리의 비평'이라는 근거를 통해 소월 시에 대한 평가적 상황을 구성하고, 이 과정에서 비평 대상과의 밀착된 관계를 조정하여 객관화하고 있는 것이다.

특히 이 독자는 소월시에 밀착된 관계를 유지하는 동안에도 그의 시가 왜 좋은 시인가를 설명하는 데 어려움을 느꼈다는데, '김동리 비평'이라는 전거를 통해 김소월과 거리를 설정하여 객관화하여 인식할 수 있었다는 것이다. 비평이 상황을 구성하고 관계를 조정하

19) 김용직, 「시의 언어」, 박호영 외(2010), 『고등학교 국어(하)』, 231쪽.

는 기능을 보여주고 있는 셈이다.

(4) 비평의 가치 실천 기능

마지막으로 비평의 교육적 기획에서 고려해야 할 비평의 기능은 가치 실천 과 관련된 기능이다. 비평에서 가치 실천에 주목하는 것은 비평이 개인적 행위일 뿐만 아니라 사회적 행위라는 사실과 관계가 깊다.

> 나는 전적으로 오직 나만의 것인 하나의 경험을 한다. 그러나 나는 그 경험을 타인들의 사회 속에 넣고 싶은 욕구를 느끼고, 나는 또 불가피하게 그렇게 한다. 그렇다면 비평이란 무엇인가? 그것은 개인적인 것을 고의적으로 초개인적인 것과 혼합시키는 일이 곧 그 행위자나 청중에게 매력이 되는, 인간 활동의 하나다. 비평이란, 그 존재가 사적이고 개인적일 뿐만 아니라 공적이고 사회적이기도 한, 모든 인간 경험의 이중적이고 전위(displace)된-또는 해체된(deconstructed)-성질을 인식하고 실행하는 고도화된 방법이다(Hollans, Norman, 1983:312)

홀랜드는 하나의 경험으로서 비평이 '전적으로 오직 나만의 것'으로서 지극히 사적 경험이지만 동시에 '타인들의 사회 속'의 경험이라는 점을 강조한다. 비평은 개인적인 경험인 동시에 공적이고 사회적인 경험이다. 비평은 개인적인 취미나 호사가 아니라 비평 과정에서 해석하고 평가하는 가치를 사회적인 맥락에서 공유하고 소통시키는 경험까지 지향하는 것이다.

비평의 기능이 사회적 성격을 함의하는 것은 비평의 근대적 제도화 시기 무렵부터 목도한 사실이다. 비평은 근대의 지적, 사회적 변화를 반영하는 재현 양식으로서 뿐만 아니라 근대적 가치를 추동하거나 주도하는 사회적 실천 행위로서 수행되었기 때문이다. 이광수의 비평적 글쓰기만 보더라도 비평은 개인의 '관찰'과 '판단'에 의거하여 "정치, 윤리, 법률, 습속 같은 사회 제반 현상의 선악 진위를 아는"(「신생활론」) 것에서 나아가 궁극적으로 "새로운 정치, 법률, 윤리, 습속을 만들어내는" 작용으로서 수행되었다. 이광수에게 '비평'은 '사회' 현상에 대해 '사회'의 관점에서 '사회' 안에서 '비판'하고 '토론'하는 기관이었다(김현주, 2004). 근대 초기 비평가들은 비평을 사회 현상의 선악이나 진위 등의 가치를 밝혀내는 것은 물론 가치 평가를 통해 새로운 제도나 현상을 창출하고 실천하는 기제로 인식했다. 이 절에서는 비평의 가치 실천 기능을 '가치 소통(구성)과 공감'과 '공동체 지향 기능'으로 구분하여 살피고자 한다. 사회적 소통 행위로서 비평은 텍스트의 가치를 탐색하고 구성하는 과정을 통해 사회적 공감을 창출하여 비평 공동체를 형성하는 데 기여하기 때문이다.

1 가치 구성과 공감

비평은 비평 과정을 통해 가치를 구성하고 사회적 공감을 창출하는 과정이다.[20] 따라서 본 연구는 가치의 본질을 밝혀내거나 규정

20) 최근 다양한 분야에서 공감 문제가 제기되고 있다. 본 연구가 주목한 연구 성과로는 합리성 대 감성의 이분법을 비판하고 감성의 중요성을 제기한 연구들(김용환, 2003; 민은

하는, 다시 말해 가치론의 포괄적 범위 안에서 가치에 대한 형식 언어적 정의를 추구하는 데 목적이 있지 않다. 오히려 가치에 관계하는 실질적 사태들 예컨대, 가치 평가를 수행하는 주체의 성격이나 현상학적 사태와 관련지어 가치를 탐색하고 구성하는 데 관심이 있다. 이러한 입장은 관계를 배제하는 고립화된 본래적 가치와 같은 것은 존재하지 않는다는 듀이의 가치론과 상통하며, 가치를 '인간에게 있어서, 우리의 행동 속에 함축되어 있고 그것을 통하여 세계를 만나고 세계를 우리 것으로 삼는 수단이 되는, 지각의 양식'으로서 파악하는 발데스식의 관점도 유사하다. 발데스는 비평에서 가치의 문제 이상 더 중요한 것은 없다고 주장하며 가치의 관점에서 비평의 목적을 세 가지로 정리하였다. 비평은 독자의 수행 능력(competence)을 창출해야 하고, 물려받은 문학적 전통과 비평적 대화를 나누는 것이며, 나아가 독자로서 풍부한 자기 각성을 시도하는 것이다. 비평 주체의 주관적 읽기 경험은 '문학적 전통'과 대화를 통해서 보편적이고 객관적인 경험으로 나아가고, 이러한 '문화적 참여'를 통해 비평의 풍요를 경험하게 된다. 결국 비평은 비평 주체의 개인적 경험에서 나아가 문화적 전통이나 관습과의 대화를 통한 사회적 경험이 되는 셈이다. 이를 두고 발데스는 "비평의 가치는, 비평가의 것이나 다른 독자의 것과 아울러, 독서 경험의 인간적 현실에 대한 공헌"(172)에 있다고 단언한다. 발데스의 시각은 비평을 텍스트 자체의 구조적, 의미적 가치의 탐색에 제한되지 않고, 텍스트가 소통되는

경, 2008; 이진희, 2008; 오인용, 2005; Goodwin and Jasper 2003) 과 감성을 육체와 느낌에서 분리하여 역사화·맥락화하는 시도들이 해당한다(Lutz and Abu-Lughod 1990).

현실에 문화적으로 개입하여 보편적이고 실천적인 사회적 가치와 관련시키고 있다는 점에서 흥미롭다.

가치의 관점에서 비평을 보자면 대상을 객관화하는 의식 작용으로서 비평 작용은 비평을 지향적으로 사념하며 동시에 그 비평의 가치에 지향적으로 향하여 가치를 사념하는 의식 작용이다. 물론 가치를 주체의 주관적 마음의 상태나 심리 상태로 파악하는 것은 곤란하다. 후설이 강조한 바와 같이 가치는 반성적 태도의 수준에서 일어나는 선험적 자아의 의미 구성 또는 의미부여 작용과 관련이 있기 때문이다.[21] 인간은 자연적 태도에서 일어나는 가치 수용과 문화 수용 곧 소극적으로 일어나는 가치 경험과 가치 체험 그리고 문화 경험과 문화 체험을 수행하는 동시에 반성적 태도에서 일어나는 가치 구성과 문화 구성 그리고 가치 창조와 문화 창조를 적극적으로 수행할 수 있다(조관성, 2008:31). 따라서 비평의 교육적 기획에서 가치 구성 기능은 문화 구성과 창조를 위한 수행적 기능이라는 점에서 적극적으로 포섭할 필요가 있다.

가치의 탐색과 구성은 미에 대한 개념 정의를 비롯해서 미적 판단의 상호주관적 일치나 불일치와 같은 현상을 설명하기 위해 긴절한 작업이다. 특히 비평이 개인적 가치 판단에서 사회적 소통과 문화 창조의 의미를 지닌다는 것은 비평이 개인들의 주관적 평가를 뛰어 넘는 보편적 소통 행위라는 점을 전제하기 때문이다.

그렇다면 가치를 탐색하고 판단하며 구성하는 기준은 무엇인가?

---

21) 조관성은 후설의 가치론을 가치 구성주의의 성격을 지닌다고 보았다. 이에 대한 상세한 논의는 조관성(2008) 참조.

일반적으로 경험적 관점이 가지는 한계 중 하나는 비평이 관계적 속성을 지니고 있다고 하더라도 각 개인의 본성적 성향의 차이와 주관적 반응의 상이함에 따라서 한 개인이 내리는 비평적 평가도 상대적이라는 점이다. 실제로 대부분의 시대는 역사와 문화, 그리고 사회에 따라 비평적 평가에서 격심한 차이를 보이기도 했다. 그러나 허치슨이 주목했듯이 교육이나 편견의 영향에 따라 차이가 있을 수 있지만 아름다운 것과 추한 것에 대한 일반적 동의가 성립한다. 흄은 이 문제를 공감 개념으로 해결하고자 했는데, 공감이 미적 판단의 일치 문제를 이해하는 데 중요한 역할을 하는 것으로 생각하기 때문이다.

사실, 공감은 대중에게 친숙한 용어이지만 철학적으로 혹은 심리학적으로도 공감의 외연과 내포를 규정하기가 쉽지 않을 뿐만 아니라 실천 역시 쉽지 않은 개념이다. 감상적 동정심은 갖기 쉽지만 현대와 같이 경쟁과 이기심이 팽배한 사회에서 타자에 대한 이해에 바탕을 둔 공감의 실천은 생각보다 어렵기 때문이다. 흄을 비롯하여 아담 스미스나 들뢰즈 등이 윤리적, 미학적, 문학적 분과들을 넘나들면서 주체, 타자, 대상, 상황, 동일시, 관계 등과 함께 공감에 관한 철학적 사유를 개진해 왔을 만큼 공감은 복합적이다.

그러나 비평 경험의 수행에서 공감의 경험은 예상하는 것보다 꽤나 친연적인 항목이다. 예컨대 공감 이론의 대표적인 철학자인 흄 역시 공감 이론을 자신의 경험론적 철학을 바탕으로 개진하였다. 일찍이 흄은 인식이란 본유 관념(innate ideas)에 의해서가 아니라 경험에서 유래하는 것임을 주장하여 경험에서 파생된 관념들의 연합

이 선험적이나 초월적으로 주어진 이성에 의해 이루어지는 것이 아니라 경험의 총체적인 습관(habits)[22]에 의해 형성되는 것이라는 논의를 전개했다. 그리고 이러한 다양한 경험들이 서로 복잡하게 얽히면서 주체의 사유와 감각의 흐름에 일정한 형태를 부여하기 때문에 이때의 주체는 구성적이고 관계적인 성격을 지닐 수밖에 없다. 흄의 경험론적 사유를 따라가다 보면 주체가 타자(세계)와 역동적이고 관계적인 접속을 통해 무수한 형태의 감정적, 인지적 가치를 교환, 생산하는 공감의 단계에 도달하게 된다. 그리고 가치를 교환하고 생산하는 차원의 공감은 경험론의 핵심인 인상(impression)의 생생함(vivacity)을 유지하고 창조적으로 변용, 확대하는 차원과 소통할 수 있다. 흄의 공감론이 암시하는 생성적 차원을 좀더 적극적으로 주석한 들뢰즈는 우선 공감을 '존경 혹은 정신적 동참이라는 막연한 감정'의 의미로 이해하는 것을 거부한다. 공감은 '격렬한 활동이며 침투'이고 '내부와 외부 사이에서 발생하는 충돌의 선 위에 있는 중간에 있는 존재로서 배치'이다. 들뢰즈의 공감에 대한 시각은 텍스트 내부와 외부의 교섭을 통한 공감으로 이해할 수 있다.

> **1** 「나무와 두 여인」
>
> 나목은 <u>박수근 그림에 줄기차게 등장하는 매우 친숙한 존재</u>다. 그것은 동네 어귀나 길가에 서서 지나가는 행인들을 굽어

22) 흄의 사유에서 등장하는 습관은 사소한 개인의 경험들이 단순히 반복되는 것을 의미하지 않는다. 여기서 습관은 세부적인 경험들의 파편들이 접속되어서 일정한 양태와 규칙을 구성할 수 있는 경험의 반복을 의미한다. 다시 말해서 습관은 무수히 많은 개체들의 경험들이 서로 복잡하게 얽히면서 발생하는 사유와 감각들의 흐름에 일정한 형태를 부여하는 역할을 한다(정재식, 2007:30).

> 보는 무심하고도 정적인 존재다.
>
> 나목은 죽은 나무 아니면 겨울나무이다. 잎이 달려 있질 않으니 오로지 이 두 가지 가능성밖에 없다. 박수근의 그림에 등장하는 거의 모든 나무가 나목이라는 사실은 그의 그림 속 계절이 늘 겨울에 가깝다는 말과 같다. 그만큼 을씨년스럽다. 등장인물들의 생활 풍정과 늘 함께 사는 이 친숙하면서도 추운 존재는 그러므로 다른 인물 못지 않게 스스로의 존재 이유가 분명하다. 그렇다면 이들은 도대체 무엇을 표상하는 것일까? 내가 보기에는 바로 사라진 남정네, 가장을 상징하는 존재다.[23]
> (밑줄_인용자)

1에서 독자의 시선은 박수근 텍스트 내부에서 '나목'을, 그리고 텍스트 외부의 '나목'을 넘나들고 있다. 먼저 텍스트 내부의 '나목'은 '박수근 그림에서 매우 친숙한 존재'이고, '동네 어귀나 길가에 서서 지나가는 행인들을 굽어보는 무심하고도 정적인 존재'로 독자의 시야에 포착되고 있다. 한편, 텍스트 외부의 '나목'은 '죽은 나무 아니면 겨울나무'이다. 까닭은 '잎이 달려 있질 않으니 오로지 이 두 가지 가능성밖에 없'기 때문이다. 위 비평 독자는 서로 이질적인 세계에 존재하는 '나목'을 "박수근의 그림에 등장하는 거의 모든 나무가 나목이라는 사실은 그의 그림 속 계절이 늘 겨울에 가깝다는 말과 같다"로 관계시키고 있다. 독자는 박수근 텍스트 내부와 텍스트 외부의 존재로서 '나목'을 두 세계의 경계에 '배치'하여 '격렬한 활동이자 침투'의 순간으로 읽어내고 있는 셈이다.

23) 이주헌, 「나무와 두 여인」, 김종철 외(2010), 『고등학교 국어(하)』, 241쪽.

그러나 배치와 침투의 순간을 인식하는 것만으로 비평이 가치를 인식하고 공감하는 기능을 수행한다고 보기는 어렵다. 비평 경험이 일상적이고, 지속적이고, 성장적인 경험의 성격을 지니는 한, 비평 주체는 텍스트 내부와 텍스트 외부의 교섭을 인식할 필요가 있는 것이다. 두 세계를 '배치와 침투'의 관계로 이해할 경우 비평 주체는 텍스트 내부로 향했던 시선을 거두어 텍스트 외부로 순조롭게 향할 수 있다. 다시 말해 비평이 배치와 침투를 실현하는 순간 비평은 실천적인 생성의 의미로 전회되는 것이다. 다시 위의 7을 보면, 독자가 텍스트 내부의 사건으로서, 그리고 텍스트 외부의 사건으로서 '나목'을 배치하고 서로 침투시킨 결과 박수근의 '나목'은 "등장인물들의 생활 풍정과 늘 함께 사는 이 친숙하면서도 추운 존재는 그러므로 다른 인물 못지않게 스스로의 존재 이유가 분명"해지는 하나의 사건으로 조명된다. 그 결과 박수근의 '나목'은 텍스트 내부와 외부가 서로 침투하는 비평의 공간에서 '사라진 남정네, 가장을 상징하는 존재'로서 자신의 가치를 드러내고 소통을 모색하게 된다. 이 독자는 남성 부재라는 특정 이념을 과도하게 문제시하면서 그 관념을 초월적 대상으로 상정하는 형이상학적 비평이나 이미 주어진 통념에 순응하면서 그 영향 하에 동일한 것의 수동적 반복에 머무르는 기존의 비평과는 이질적인 비평을 보여준다고 할 수 있다. 텍스트의 내부와 외부를 넘나들면서 '남성 부재'의 상징으로서 '나목'의 가치를 구성하고 공동체적 공감을 유도하고 있는 것이다. 가치를 구성하고 공감을 구성하는 방식은 다음과 같은 사례에서도 확인할 수 있다.

2 「'장수산1'을 읽고」

㉠ 더러 이런 생각을 할 때가 있다. 내가 일제 강점기에 태어나 살았다면, 친일(親日)을 하지는 않았을까? 아마도 나서서 하지는 않았을 것이다. 나는 적어도 스스로 나서서 친일을 할 만큼 뻔뻔스럽지는 않다. 그렇다고 믿는다. 그러니 그저 숨죽이고 가만히 살았을 듯싶다. 그렇다면 정반대로 내가 저항할 수 있었을까? ㉡ 윤동주나 이육사처럼 감옥에 갇혀서도 희망을 놓지 않고 기다림의 자세를 다잡으며 견딜 수 있었을까? ㉢ 단언하건대 그렇게 하지도 못했을 것이다. 그것은 결코 쉬운 일이 아니기 때문이다 어떻게 자신의 욕망을 깡그리 버릴 수 있었을까? 나는 아무래도 자신이 없다. 그나마 분명한 것은 마구 부끄러워했으리라는 것이다. 당시 대다수의 사람들이 그렇게 살았듯이.......

그렇다면 그토록 질기디질긴 시대를 그저 묵묵히 견뎌 내는 것만도 충분히 뜻깊은 실천이 아니었을까? 말없이 비실비실 병든 닭처럼 지내는 것이 아니라, 견뎌 내자고, 꾹 참고 견디자고 말하는 것은 평범한 사람들이 현실을 이겨 내는 최선의 방법이 아니었을까? ㉣ 그래서 나에게는 이육사나 윤동주의 시보다, 엄혹한 시기를 고스란히 견뎌 냄으로써 이겨 내고자 한 정지용의 이 시가 더욱 살갑게 느껴진다.[24](밑줄_인용자)

2는 정지용의 시 ''장수산1'을 읽고'라는 비평문이다. 독자는 '장수산1' 과 '소리'를 통해 관계를 맺는다. 인용문의 앞부분에서 '벌목

24) 김상욱, 「'장수산 1'을 읽고」, 한철우 외(2010), 『고등학교 국어(상)』, 비상교육, 237-238쪽.

정정'으로 표현되는 소리는 '뼛속 깊이 사무치는 고요만 있을 뿐'인 '장수산 깊은 속'과 대비되어 화자의 시름을 강조한다. 시 속의 벌목정정의 소리와 장수산 깊은 속의 고요는 "바람조차 없는 정밀함 속에서 시름은 더욱 뚜렷하게 떠오르며 흔들리고, 마침내 화자는 '견디랸다 차고 올연히'라고 스스로 기다림의 자세를 다잡는다"(237)에서와 같이 화자의 기다림을 대조적으로 강화하고 있는 셈이다. 그 결과 독자는 "차가운 빛 속에 붙박힌 현실, 극 속에서 심하게 출렁거리는 시름, 그 시름을 '견뎌 냄'으로써 극복하고자 하는 의지가 시의 중심을 이루는 세 축"으로서 구조화하고 있다. 그리고 **2**의 독자는 이 '견뎌 냄'을 바탕으로 정지용의 시와 자신의 관계를 구성하고 있다. 가령 위 독자는 ㉠과 같은 방식으로 자신을 정지용 시의 상황에 진입시킨다. 그리고 일제 강점기의 극명한 삶의 방식인 친일과 저항으로 자신에게 질문을 던진 후 그 어느 편도 택하지 못했을 거라고 고백한다. 특히 ㉡에서와 같이 윤동주나 이육사가 보여주었던 저항적 태도는 평범한 사람인 자신과 같은 사람에게는 '결코 쉬운 일이 아니기' 때문에 '아무래도 자신이 없다'고 고백한다. 자신과 같은 평범한 사람들이 취할 수 있는 방법은 '그저 묵묵히 견뎌 내는 것만도 충분히 뜻깊은 실천'이기 때문에 '견뎌 내자고, 꾹 참고 견디자고 말하는 것'이라는 것이다. 그리하여 "엄혹한 시기를 고스란히 견뎌 냄으로써 이겨 내고자 한 정지용의 이 시가 더욱 살갑게 느껴진다"고 말할 수 있는 것은 바로 자신과 같은 '평범한 사람들이 현실을 이겨 내는 최선의 방법'을 보여주기 때문에 '윤동주나 이육사의 시보다' 정지용의 시에 공감할 수 있다는 것이다. 이 독자는 정지용의 '장수산1'을 일제 강점기가 대표하는 삶의 방식, 동시대 텍스트인 윤동주와 이육사 그리고 현재의 '나'를 비평의 장에 호명하여 이 시의 가치를 구성하고 독자로서 공감을 표출하고 있는 것이다. 텍스트의 내부와 외부를 폭넓게 조회하며 정지용의 시적 실천을 '당시 대다수 사람들이 그렇게 살았듯이' '평범한 사람들이 현실을 이겨내는 최선의 방법'을 보여주었다는 점에서 살가운 시로 평가하고 있는 것이다.

2 비평 활동을 통한 비평 공동체 지향

비평 경험의 교육적 기획에서 공감의 수행과 창출을 주목하는 까닭은 타자를 인간으로서의 실존을 가능하게 하는 조건으로 인식하는[25] 동시에 공감이 그러한 타자와 더불어 공동체로서 가치 있게 살아가는 품성과 역량(김수이, 2014:7)으로 작용하기 때문이다.

현재 교육이 수행해야 하는 과제 중 하나는 극도의 이기주의, 소외, 자격지심 등 단자화되고 파편화된 세계에서 '더불어-살아가기'에 대한 윤리적 성찰과 모색이다. 인간이 타자와 '공(共)'의 개념에 대하여 사유해야 하는 것은 자유주의 사회에서 점증하는 개인주의와 이기주의가 사회 구성원 간의 유대를 약화시킬 뿐만 아니라 공동체의 문화・역사적 문맥을 고려하지 않음으로써 자기중심적이고 이해 타산적인 개인을 강화하고 있다는 데 있다. 서구적 의미의 근대적 개인은 계층에 따라 위계적이었던 기존의 공동체로부터 해방

25) 아렌트는 인간의 실존 조건으로 말과 행위를 통해 세계를 공유할 수 있는 다른 사람들이 있어야 한다는 점을 들고 있다(Arendt, Hannah, 1996)

되어 자유주의 시장의 주체로서 그리고 민주주의적 인본주의를 신봉하는 평등한 시민의 모습으로서 사회적 관계를 구성해 왔다. 국가 공동체뿐만 아니라 다양한 형태의 공동체들은 자유롭고 독립적인 개인들이 구성한 가공체에 불과하다. 개인의 자유와 권리에 의거해 사회를 형성하는 제도나 규칙은 언제든 파기되거나 해체될 수 있다.

그러나 탈근대적 패러다임에서는 근대적 개인은 허구의 산물일 뿐, 공동체와 무관한 개인의 자유와 권리라는 규범적 전제조차 독립적으로 존재하기 어렵다는 입장을 취한다. 예컨대, 테일러는 인간의 자아 정체성은 공동체에서 타인과의 관계를 통해 형성된다는 입장을 표명하며 사회적으로 구성된 인간 개념을 제안했다. 인간은 '자기 해석적 존재'로서 '강한 의미의 가치 평가'를 통해서 자아와 세계의 의미를 재현하고, 삶의 목적과 지향점을 설정한다. 해석과 가치 평가를 통해 인간과 사회의 관계를 재정립하려는 의지는 공동체 의식을 통해 인간의 보편적 가치와 개인의 자율성, 자유, 권리, 정의 등 현대 다원주의 사회에서 일반적으로 추구되는 가치들을 희생시키고, 그 자리에 공공선과 공동체적 덕목들을 이식하려는 것이 아니라, 인간의 다양한 존재 양식과 도덕적 가치의 다원성을 인정하면서 가치 평가를 통해 공동체 구성원에게 요구되는 덕목을 강조하는 데 의의가 있다.

'2015 국어과 교육과정' 역시 공동체의 인식과 창출을 강조하는 문맥을 다수 배치하고 있다.[26] 이를테면, "라. 세계와 소통하는 시민

26) '2015 국어과 교육과정'에서 '공동체'는 65회 정도 언급되고 있다.

으로서 배려와 나눔의 정신으로 공동체 발전에 참여하는 사람"(추구하는 인간성)이나 "'국어' 교과는 한국인의 삶이 배어 있는 국어를 정확하고 효과적으로 사용하는 능력과 태도를 기르고, 국어를 창의적으로 사용하여 국어 발전과 국어 문화 창달에 이바지하려는 뜻을 세우며, 올바른 국어 생활을 통해 건실한 인격을 형성하여 건전한 국민 정서와 미래 지향적 공동체 의식을 함양하는 과목이다"(목표)에서 국어 교육은 공동체 발전이나 공동체 의식 함양에 기여해야 할 필요를 보이고 있다. 이러한 강조는 성취기준에서도 확인 가능한데 일부만 보면 다음과 같다.

---

(3) **언어 공동체**의 담화 관습을 이해하고 화법과 작문의 윤리를 인식한다. [화법과작문]

---

(30) **사회적 공동체**의 독서 활동을 통하여 다른 사람과 교감하며 글을 읽고 삶을 성찰한다. [독서]

---

(14) 문학 활동을 통하여 우리 사회의 다양한 **공동체**와 문제의식을 공유하고 소통한다.

(15) 문학 활동을 통해 삶의 질을 높이고 **공동체**의 문화 발전에 참여하는 태도를 지닌다. [문학]

흥미로운 것은 국어과 교육과정이 '국가'보다 '공동체'를 내세우고 있다는 점과 이를 '개인'과 함께 제시하고 있다는 점이다. 이러한 현상은 개인주의와 공동체주의를 대립적으로 인식하여 전체주의적 관점에서 공동체를 강조했던 것과는 거리가 멀다. 공동체를

국가 개념과 친연적으로 사용했던 이전의 교육에 비추어 볼 때[27] 상당히 달라진 부분이다. 뿐만 아니라 공동체를 '책임과 참여 의식', '공동체 문화의 발전' 등의 가치와 관련지어 더불어_살아가기의 가치와 연대 의식을 강조하고 있다는 점도 주목할 부분이다.[28]

따라서 작금의 비평은 개인의 자유와 권리가 무형식과 무내용성으로 치닫지 않게 할 뿐만 아니라 기존의 위계성에 개인을 묶어두려는 공동체적 전통으로 회귀하려는 성향 또한 지양할 필요가 있다. 그 결과 비평의 과제는 타자와 공동체에 연결된 존재로서 '타자와 더불어_살아가기'[29]로서의 가치를 탐색하고 구성하며 창출할 필요가 있다.

3-① 「전원 교향곡」

악성 베토벤이 '전원 교향곡'을 작곡한 연도가 1808년이니, 이미 귀 아픈 병이 시작된 뒤라고 할 수 있다. <u>비엔나 교회로 나가면 하일리켄슈타트라는 곳이 있는데, 지금도 그곳에는 베토벤이 사색에 잠겨 걸었다는 베토벤 도로를 비롯해서, '전원 교향곡' 작곡의 배경이 된 다양한 정경을 찾아볼 수 있다</u>.[30](밑

27) 국어 교과와 국가, 국민의 관계는 국어 교육의 근대적 형성 공간에서부터 주조되어 왔다. 이에 대한 자세한 논의는 김혜련(2008, 2013) 참조.

28) '㈑ 자아 성찰, 공감과 소통, 공동체에 대한 책임과 참여 의식 등 학습자의 인성 발달과 관련 있는 작품을 선정한다.'[교수·학습 자료] '(1) 교사와 학생, 학생과 학생 사이의 상호 작용을 강조하고, 비판적이고 창의적인 반응을 이끌어 내며, 개인과 공동체 차원의 문학 활동에 적극적으로 참여하도록 지도한다.', '(5) 평가를 통해 학습자 개인 및 집단의 문학적·문화적 성향과 수준을 이해하고, 이를 공동체 문화의 발전에 활용하도록 한다.'[평가]

29) 이 용어는 김수이(2014)에서 사용한 것으로, 타자와 함께 하고 공동체를 사는[生]존재의 의미를 지닌다.

30) 한상우, 「전원 교향곡」, 조남현 외(2010), 『고등학교 국어(상)』, (주)교학사, 229-231쪽.

줄_인용자)

3은 베토벤의 전원 교향곡에 관한 음악 비평의 사례이다. 음악 듣기 역시 문학 읽기와 마찬가지로 기본적으로 공감을 필요로 한다. 위의 비평 주체 역시 일상적이고, 지속적이고, 성장적인 경험의 맥락에 대상 텍스트인 '전원 교향곡'의 자리를 설정한다. 이를테면, 자신의 비평의 시야에 '전원 교향곡'을 텍스트 외부의 '비엔나 교회로 나가면 하일리켄슈타트라는 곳이 있는데, 지금도 그곳에는 베토벤이 사색에 잠겨 걸었다는 베토벤 도로를 비롯해서, '전원 교향곡' 작곡의 배경이 된 다양한 정경'과 함께 놓는 것으로 비평을 시작한다. 대상 텍스트인 '전원 교향곡'을 실제 '정경'에 겹쳐 놓으면서, 음악으로 형상화된 전원과 실제의 전원을 함께 놓음으로써 텍스트의 내부와 외부의 관계를 설정한 셈이다. '음악적 전원'과 '실제의 전원'은 위 청자의 비평의 구도를 형성하는 두 개의 축으로 작용한다. 이어서 이 청자는 후자에 먼저 주목한다. 이를테면 실제의 전원, 즉 자연을 지향하는 사람들의 태도를 두 가지로 구분하는데, 하나는 삶의 터전을 아예 자연으로 이동하는 경우와 휴식을 위해 자연을 찾는 경우 모두 자연에서 정신적 희열이나 승화를 경험하기 어려울 뿐만 아니라 이러한 삶의 태도를 비판하고 있다. 실제의 자연에 대한 사람들의 부정적 지향을 평가한 이후 그는 자신이 선택한 가치를 보여주기에 이른다.

3-②

㉠ <u>그래서 나는 오래전부터 마음속에 자연을 풍요롭게 채우</u>

> 는 방법으로 음악을 선택했다. 그 음악들 가운데에서 베토벤의 '전원 교향곡'은 언제나 자연이 주는 순수함과 담백함, 그리고 전원의 정신적 의미가 주는 풍요로운 여유를 내게 안겨 준다.
>
> 한창 아파트 붐이 일어나고 그 아파트들이 부의 축적으로 쓰일 때에도 나는 지금 살고 있는 이 집을 떠날 생각을 해 보지 않았다. 그리고 18년의 세월을 보내면서 집 안 이곳저곳에 나무들을 심어 놓았다. ㉡ 이제 조금씩 열매가 영글어 가고 있는 감나무를 쳐다 볼 때면, 한국 전쟁 때 피난살이하던 김해에서 누렇게 익은 감들을 바라보며 그토록 먹고 싶어 했던 기억이 떠올라 새삼 부자가 된 느낌이 들기도 한다. (밑줄_인용자)

이 비평 주체는 자연의 삶을 지향하는 방법을 스스로 고안하는데, 그것은 ㉠과 같이 '그래서 나는 오래전부터 마음속에 자연을 풍요롭게 채우는 방법으로 음악을 선택했다'에서 알 수 있듯이 '음악'을 통해 '자연을 풍요롭게 채우는 방법'을 삼은 것이다. 즉 외롭고 상처 받은 마음을 치유하기 위해 타자를 찾아 떠나는 것이 아니라 타자를 마음 속에 들여 오는 방식을 취한 것이다. 그 구체적인 방법으로 바로 "전원의 의미가 음악 속에 융해된 것"(229)으로 고평받는 베토벤의 '전원 교향곡'을 들으면서 "뜰 안에 늘어서 있는 나무들을 바라보고 있"(230)는 것을 선택한 것이다.

그러자 이내 그는 놀라운 심리적, 정신적 울림을 경험한다. 전원이 융해된 음악을 들으면서 "이제 조금씩 열매가 영글어 가고 있는 감나무를 쳐다 볼 때면, 한국 전쟁 때 피난살이하던 김해에서 누렇게 익은 감들을 바라보며 그토록 먹고 싶어 했던 기억이 떠올라 새삼 부자가 된 느낌이 들기도 한다."(㉡) 지금_여기 내 앞에 있는 감나무가 오래 전 '그토록 먹고 싶어 했던' '누렇게 익은 감'으로 감각적으로 전이되는 순간을 경험하게 된 것이다. 이제 주체에게 '전원 교향곡' 속에 융해된 전원이 주체의 마음 안으로 들어와 승화된 전원이라는 미적 가치로 창출되고 있는 장면이다. 흥미로운 것은 전원 교향곡의 미적 가치가 지금은 경제적으로 풍요로운 가운데 심은 감나무를 통해 한국 전쟁 때 피난살이하던 때의 결핍된 시절의 감과 겹쳐짐으로써 역사적·사회적 문맥 속에서 더욱 풍부한 사회적 가치의 텍스트로 승화되고 있다는 점이다.

> **3**-③
>
> 피서를 떠나기 전에 ㉠ 먼저 아파트 한구석에 외롭게 버려져 있는 화분에 생명의 경이를 느끼며 물을 주어 보자. 그리고 ㉡ 물끄러미 바라다보면서 마음 속에 자연을 그려 보며 '전원 교향곡'을 잔잔하게 음미해 보자. ㉢ 음악이 흐르는 동안 어느새 아파트 안은 전원의 향기로 뒤덮임을 확인하게 될 것이다. 예술 작품이 주는 감동의 여운은 마음의 여유를 통해 삶의 또 다른 희열을 맛보게 한다. 음악을 통해 내가 살고 있는 조그만 이 거처가 자연의 향기로 뒤바뀜을 경험하게 될 때, 우리의 삶은 훨씬 윤기 있는 모습으로 변화되리라.(밑줄_인용자)

이 승화된 비평의 경험은 '생명의 경이'와 '자연이 주는 마음의 여유'라는 더불어_살아가는 삶이 추구해야 할 가치를 터득하게 한다. 아파트 한구석에 외롭게 버려져 있는 화분에 물을 준 뒤(㉠), 마음 속에 자연을 그려 보며 '전원 교향곡'을 듣는 경험(ⓛ)은 어느 새 삭막하고 외롭게 버려진 도시의 아파트를 '전원의 향기'로 뒤덮게 하는(ⓒ) 경이로운 순간을 열어줄 것이다. 이 비평 주체는 예술 작품이 주는 감동의 여운이 사람들에게 마음의 여유 뿐만 아니라 삶의 희열까지 나아가 '우리의 삶' 자체를 '윤기 있는 모습'으로 질적으로 승화시키는 경험을 창조하는 순간을 보여주고 있다. 이 주체는 '전원교향곡'이라는 텍스트를 공동체적 감성과 의식을 울리는 방식으로 비평적 활동을 수행한 셈이다. 따라서 비평의 교육적 기획은 텍스트를 해석하고 가치를 평가하는 과정에서 지향해야 할 공동체적 가치를 바탕으로 하는 '비평 공동체'를 구성할 수 있다. 비평이 공동체에 대한 사유와 인성 함양에 기여할 수 있는 까닭은 비평은 개인적 행위인 동시에 사회적 행위라는 점, 비평은 주체의 신체와 감성, 이성 등에 관계하는 전인적 활동이라는 점, 비평은 타자와 세계와의 관계 설정과 해석, 가치 구성과 실천적 공감 행위라는 데 근거한다. 지극히 사적이고 주관적인 비평의 경험은 주체의 신체와 감성을 움직이고 울리어 공동체적인 정서와 가치를 공유하게 하는 힘이야말로 비평이 궁극적으로 지향해야 하는 교육적 정당성이라고 할 수 있다.

제 6 장

맺음말-
비평 경험의 교육적 의의

맺음말_비평 경험의 교육적 의의

최근 사회적으로 유통되는 비평 중에는 너무 전문적이어서 무겁거나 혹은 대중성을 지나치게 의식한 나머지 경박한 논의들이 적지 않다. 비평의 전문화는 단연 이론의 존재감과 무관할 수 없을진대 이론의 도입은 작품에 대한 논의를 더욱 엄밀하게 만들고 지평을 넓히는 데 기여하지만, 때로는 이론의 과도한 난삽(難澁)으로 가독성이 떨어지거나 맥락이 불분명한 채 장식적 수사로 기능할 뿐 비평 담론 생산에 크게 기여하지 못하는 경우들이 있다.

비평의 과도한 전문화 못지않게 홍보나 영리적 목적으로 대중의 기호를 지나치게 의식하는 비평 역시 문제적이다. '판단과 평가를 배제한 수동적 리뷰어로서의 역할만이 할당된'(소영현, 2011ㄱ:406) 비평에서 텍스트의 해석이나 가치 평가를 향한 미적 경험을 하기는 어렵기 때문이다. 비평의 제도적인 독립성의 부족과 출판계의 상업주의와 같은 외적 요인이 무차별적으로 작용하는 가운데 미적인 감각과 경험을 보여주는 비평이 실종되고, 대신 명확한 근거는 없이 선정적이고 구호적인 평어(評語)들이 난무하는 비평들이 횡행한다.

비평 교육 또한 작금의 비평 현실과 자유로울 수 없는데, 여기에서 학습자의 비평 능력 신장을 유도하고 건강한 비평 경험을 즐길 수 있도록 세련되고 품격 있는 비평 문화를 창출해야 할 교육적 책무를 어떻게 수행할 것인지에 대한 방법적 대응이 필요할 수 있다.

그러나 이 정도면 비평 교육은 충분한가? 문제를 좀 더 근본적으로 성찰해 보면, 비평의 위기, 비평의 죽음에 관한 심상치 않은 소문이 공론장으로서 비평의 장을 급습하는 모습을 보면서 과연 교육에서는 위기에 처한 비평이라는 문제적 상황에 대한 교육적 갈등과 사유는 있었는지 반문해 볼 일이다. 어쩌면 주체적이고 객관적인 비평의 부재라는 작금의 비평 현실을 초래한 것은 비평에 대한 교육적 성찰이나 의지의 부족 때문은 아닐까? 아니, 건전하고 바람직한 비평 능력의 사회적 부재라는 문제 상황을 비평 교육과 결부시켜 사유하고 해결하려는 노력은 있었는가? 따라서 지금-여기의 교육에서 절실하게 요구되는 것은 비평의 활성화 방안이나 구체적인 수행 전술이 아니라 국어 교육에서 비평을 왜 다루어야 하는가, 다시 말해 비평의 국어교육적 정합성 개발을 위한 근본적이고 철학적인 성찰이라고 할 수 있다.

이 연구는 국어 교육에서 비평의 교육적 정당성을 탐색하고 철학적으로 정교화하는 데 목적을 두었다. 이를 위해 먼저 비평에 대한 개념적 환기가 필요했다. 비평이라는 용어는 동서고금을 통해 매우 관습적으로 사용되어 왔기 때문에 그 개념적 함의에 대해서 명징하게 이해할 필요가 있기 때문이다. 본 연구는 세 가지 관점에서 비평의 개념을 이해하고자 했는데, 국어과에서 비평을 비평 현상으로 이해하여 그것의 관계적, 수행적, 실천적 성격을 추출했다. 다음으로 비평의 용례에 대한 자료들을 고찰하여 비평에서 평가적 속성을 복원하여 활성화하고자 했다. 이는 학습자들이 근거를 통한 해석을 일목요연하게 제시하는 것에 그치지 않고 주체적인 판단과 평가 활동까지 원활하게 수행함으로서 다원적이고 복잡한 현대 사회가 요구하는 비평적 주체로 탄생할 수 있다고 생각하기 때문이다.

이러한 두 가지의 방법적 과정을 통해 국어과에서 다루어야 할 비평을 '비평 경험'으로 개념화하고, 비평 경험의 주체를 비평 경험의 관계적이고 역동적인 성격을 토대로 관계적 주체로 명명했다. 경험적 관점에서 비평을 인식하고 재개념화하려는 까닭은 학습자들이 비평의 관계적이고, 일상적이며 가치 실천적인 성격을 인식하여 건전한 관계적 주체로 탄생할 수 있도록 철학적으로 지지하기 위해서이다.

따라서 국어 교육에서 비평의 교육적 기획은 학습자가 비평의 관계적, 일상적, 실천적 성격을 인식하여 경험으로서 비평을 개념적으로 체득하고, 이러한 비평 경험이 수행하는 기능을 통해 비평의 교육적 정합성을 인식하고 개발하는 일부터 선행할 필요가 있다. 이 연구에서 비평 경험의 국어교육적 정합성을 개발하기 위해 주목한 기능은 비평의 장르 소통 기능, 비평의 관계 해석 기능, 비평의 가치 실천 기능이다. 특히 비평 경험 교육이라는 담론 영역이 정립되려면 비평 교육이 텍스트 분석이나 연구, 해석, 향유라는 소극적 관점에서 벗어나 가치를 창출하고 실천하는 관점을 수용해야 한다는 점에서 비평 경험 교육은 비평의 가치 실천 기능을 재인식할 필요가 있다. 비평의 가치 실천 기능은 대중적이거나 전문적인 사회 비평과 달리 학교에서의 비평 교육의 정당성을 지지하는 정합적 기능으로서 가치가 있다. 학교의 비평 교육이 비평의 가치 평가나 가치 구성, 실천 기능에 주목하지 않을 경우 비평 교육은 다시 비난에서 주관, 분석에서 연구 사이의 어딘가에서 '모호한' 위치에 머물 수 있으며 뿐만 아니라 비평을 교육 받은 학습 주체가 새로운 비평 문화를 창출할 수 있는 삶의 주체로 거듭나기가 어려울 수 있기 때문이다. 따라서 비평 경험의 기능은 비평 경험의 국어교육적 정합성을 개발하는 논리이자 교과 외부에서 다양하게 실행되는 비평 현상을 통합할 수 있는 근본적인 기제로 작용할 수 있다는 점에서 국어교육에서 비평 경험의 설계와 실행의 전 과정에 적극적으로 투입할 필요가 있다. 학습 주체가 지향해야 할 가치들이 갈수록 다원화되고 세분화되어 가는 현대 사회에서 근거 없는 비난이나 선동적인 비평적 수사로 인간과 세계에 대한 비평을 호도하지 않기 위해서는 비평 경험의 본질과 기능에 대한 교육적 인식이 중요하다. 본 연구가 국어과 비평 교육에서 비평 교육의 구체적 설계나 전략 이전에 비평의 국어교육적 정합성을 철학적으로 탐색하고자 했던 것도 이와 같은 이유에서이다.

본 연구의 접근은 향후 비평 경험 교육의 구체적 실행 방안을 모색하는 제반 논의에 대한 메타적이며 기초적인 관점을 제공할 수 있을 것이다. 아울러 본 연구에서 수행한 '비평'에 대한 개념적, 철학적 논의를 바탕으로 비평 경험의 국어교육적 설계와 실행 전략,

교육 방안의 구안은 이 연구가 남긴 한계이기도 하다. 이에 대한 후속 연구를 기대한다.

참고문헌

1. 국내 자료

가. 단행본

강수미(2013), 『비평의 이미지』, 글항아리.
강용훈(2013), 『비평적 글쓰기의 계보:한국 근대 문예비평의 형성과 분화』, 소명.
구인환 외(1989), 『문학교육론』, 삼지원.
권성우(2008), 『횡단과 경계:근대 문학 연구와 비평의 대화』, 소명출판.
김미혜(2009), 『비평을 통한 시 읽기 교육』, 태학사.
김영민(1997), 『한국근대소설사』, 솔.
김승호(2000), 『고전의 문학교육적 이해』, 이회문화사.
김영민(1994), 『한국문학비평논쟁사』, 한길사.
김영민(2006), 『한국근대문학비평사』, 소명.
김윤식(1973), 『근대한국문학연구』, 일지사.
김윤식(1976), 『한국문예비평사 연구』, 일지사.
김윤식(1977), 『문학사와 비평』, 일지사.
김윤식(1989), 『임화연구』, 문학사상사.
김윤식(1992), 『한국 근대 문예 비평사 연구』, 일지사.
김윤식(1994), 『한국 현대 문학 비평사』, 서울대학교출판부.
김창원(1995), 『시교육과 텍스트 해석』, 서울대학교출판부.
김창원(2011), 『문학교육론 : 제도화와 탈제도화』, 한국문화사.
문장수(2004), 『의미와 진리』, 경북대학교출판부.
미학대계간행위원회(2007), 『미학대계』, 서울대학교출판부.
박수천(2003), 『한국 한시 비평의 연구』, 태학사.
박승억(2007), 『현상학, 철학의 위기를 돌파하라』, 김영사.
박휘락(2003), 『미술감상과 미술비평 교육』, 시공사.
박희병(2010), 『연암과 선귤당의 대화—『종북소선』의 평점비평 연구』, 돌베개.
백철(1948), 『조선신문학사조사』, 수선사.

손정수(2002), 『(개념사로서의) 한국 근대 비평사』, 역락.
우한용(1993), 『소설교육론』, 평민사.
윤지관(1995), 『근대 사회의 교양과 비평 : 매슈 아놀드 연구』, 창작과비평사.
이상섭(1976), 『문학비평용어사전』, 민음사.
이선영(1989), 『한국 근대문학 비평사 연구』, 세계.
이종영(2002), 『내면성의 형식들』, 새물결.
이현식(2006), 『일제 파시즘체제하의 한국 근대 문학비평』, 소명.
임경순(2003), 『문학의 해석과 문학교육』, 역락.
정대림(2001), 『한국고전비평사』, 태학사.
정창우 외(2014), 『교육부 정책 과제 : 학교급별 인성교육 실태 및 활성화 방안』, 진한엠앤비.
최열(2016), 『한국 근대 미술비평사: 韓國美術批評 1800-1945』, 열화당.
한형구(2015), 『한국 근대 문예 비평사 절요: 비평가와 공론의 만남』, 루덴스.
홍문표(2003), 『현대문학비평이론』, 창조문학사.
황호덕 · 이상현(2012), 『한국어의 근대와 이중어사전(영인본)』 I - X, 박문각.

나. 연구 논문

강상희(2013), 「미적 경험 기반 예술 교육을 통한 창의성 신장 고찰」, 전남대 박사학위논문.
강유정(2003), 「손창섭 소설의 자아와 주체 연구」, 『국어국문학』133, 285-312.
권보드래(1996), 「'근대'라는 화두, '지향'의 담론」, 『민족문학사연구』 9, 1996.
김경연 외(2015), 「[특집] 한국의 문학, 이제 어디로」, 『창작과비평』 43-4, 15-65.
김기수(2008), 『존 듀이 미적 경험의 음악 교육적 함의』, 한국교원대 박사학위논문.
김대중(2013), 「『삼한시귀감』(三韓詩龜鑑) 소재(所載) 최해(崔瀣)의 평점비평 연구」, 『한국문화』 61, 서울대학교 규장각 한국학연구원.
김동식(2008), 「1930년대 비평과 주체의 수사학」, 『한국현대문학연구』 24, 167-211.
김동환(2008), 「비평능력 향상을 위한 문학독서교육」, 『독서교육』20, 111-138.
김미혜(2005), 「생산적 사유로서의 문학비평과 문학교육」, 『국어교육연구』 15, 299-322.
김백균(2014), 「미술 비평 위기론의 위기」, 『미술이론과 현장』 18, 249-275.
김병욱(1975), 「文藝批評에 있어서의 價値評價」.
김성룡(2009), 「고전 비평과 문학능력」, 『문학교육학』 28.

김성진(2004), 『비평 활동 교육의 내용 연구』, 서울대 박사학위논문.
김소연(2011), 「인터넷은 관객 비평의 바다인가」, 『연극평론』 61, 77-82.
김수이(2014), 「공동체, 나눔, 글쓰기-공동체에 대한 재인식과 "공-존재"로서 글쓰기 주체의 위상 재정립」, 『한국언어문화』 54, 139-166.
김창원(2002), 「국어교육과 문화론」, 『한국초등국어교육』 20, 1-23.
김창원(2008), 「문학 문화의 개념과 문학교육」, 『문학교육학』 25, 513-544.
김창원(2009), 「국어 교과의 정당성과 정체성에 대한 회의」, 『한국초등국어교육』 40, 71-96.
김현주(2004), 「'사회'와 비평/소설의 글쓰기」, 『한국근대문학연구』 제5권 제2호, 9-38.
김혜련(2008), 『식민지기 국어과 교육 연구』, 동국대 박사학위논문.
김혜련(2011), 「"격물치지론"의 문학교육적 함의」, 『국어교육』 134, 217-242.
김혜련 · 김혜숙(2014), 「'비평'이라는 용어에 대한 반성적 고찰」, 『국어교육』 147, 267-303.
김혜련(2015), 「생태주의 비평 교육의 지향」, 『문학교육학』 46, 159-194.
김혜련(2016), 「비평에 대한 경험적 이해-비평의 교육적 성격 탐색을 위한 시론」, 『우리말교육현장연구』19, 239-277.
김혜정(2010), 「대중 독자의 독서 양상과 비판적 읽기 필요성」, 『독서교육』 24, 51-86.
김홍집(2008), 『과학비평 수업모형의 개발 및 적용』, 공주대 박사학위논문.
나인호(2014), 「개념과 역사적 실재」, 『새국어교육』 98, 35-57.
남민우(2006), 「사이버-청소년문학"의 문학교육적 의미 연구:문학교육적 비평의 정립을 위한 시론」, 『문학교육학』 19, 241-296.
남민우(2006), 『텍스트 가치 평가 활동을 위한 시교육 연구』, 서울대 박사학위논문.
노희정(2010), 「화이트헤드의 유기체철학에 나타난 생태학적 세계관과 도덕과 교수학습 방법」, 『초등도덕교육』 33, 137-164.
문영진(2007), 「비평 분류 방식의 변모와 서사교육적 가능성-에이브럼즈 비평 분류 도식의 교육적 활용을 중심으로」, 『국어교육연구』 19, 361-397.
박영민(2003), 『비평문 쓰기를 통한 작문 지도 방법 연구』, 한국교원대 박사학위논문.
박인기(1993), 「문학 현상과 국어교육학의 이론화 전략」, 최현섭 외(1993), 『국어교육학의 이론화 탐색』, 일지사, 98-104.
박인기(2010), 「독서 문화의 형성과 비평의 작용」, 『독서연구』 24, 9-29.
박인기(2011), 「교과의 생태와 교과의 진화」, 박인기 외, 『교과는 진화하는가』, 지식과 교양.

박진홍(2003), 『음악비평 활동이 음악 인지 능력에 미치는 영향』, 경성대 박사학위논문.
박철상(2007), 「허균 수정고본(手定稿本) 『국조시산』의 출현과 그 가치」, 한국문화연구, 21.
박희태(2014), 「프랑스 영화 비평의 현재: 위기의 비평」, 『프랑스문화예술연구』 47, 387-414.
서광목(2007), 「텍스트, 비평, 비평이론」, 『안과 밖』 23, 13.
선주원(2006), 「비평적 사고력 증진을 위한 소설교육」, 『현대문학의 연구』 29.
소영현(2010), 「제도와 문학: 문학의 아카데미즘화와 학술적 글쓰기의 형성」, 『한국근대문학연구』 22, 265-299.
소영현(2011ㄱ), 「비평의 미래-성찰적 비평의 가능성에 대한 일고찰」, 『현대문학의 연구』44, 459-491.
소영현(2011ㄴ), 「비평의 장소와 비평(가)의 의무」, 『사회와 철학』 21.
우한용(1999), 문학교육의 평가-메타비평의 글쓰기 평가를 중심으로, 국어교육 100호.
유성호(2003), 「비평의 해석과 비판 기능」, 『오늘의 문예비평』, 42-55.
육근성(2014), 「A.N.Whitehead의 과정 철학이 통합교육과정에 주는 함의」, 인천대학교 박사학위논문.
이도영(2007), 「국어과 교육과정에 나타난 텍스트 유형에 대한 비판적 검토」, 『텍스트언어학』22호.
이도영(2013), 「국어과 교육 내용으로서의 '지식'의 성격」, 『국어교육연구』53, 1-24.
이인화(2013), 『소설 교육에서 해석 소통의 구조와 실천에 대한 연구』, 서울대 박사학위논문.
이정표 · 이주용 · 권동택(2012), 「교육적 소통을 통한 학습자 중심 수업의 본질 논의」, 『학습자 중심 교과교육연구』 12-4, 643-661.
이효현(2009), 「현실적 존재와 교육받은 사람의 특성 : Whitehead의 설명을 중심으로」, 『학습자중심교과교육연구』 9-1, 293-313.
임경순(1997), 「비평 교육을 위한 일고찰 : 「낙동강」 논의를 중심으로」, 『선청어문』 25, 209-232.
임정현(2012), 「미술 비평 능력을 위한 미술 국어 통합 지도」, 경희대 교육대학원 석사논문.
전숙경(2009), 「'교육적 의사소통'의 의미와 성격」, 교육철학 45, 199-220.
정길수(2008), 「광한루기 평비 분석(1)」, 『동방한문학』 36.
정선희(2005), 「朝鮮後期文人들의 金聖嘆 評批本에 대한 讀書 談論 硏究」, 『동방학지』 129, 연세대국학연구원.
정재식(2007), 「흄과 들뢰즈의 공감 이론 사용법: 경험론의 문학적 사용 가능성에 관하여」, 『18세기 영문학』 4-2, 23-50.
정혜승(2006), 「교실 소통의 양상과 문제」, 『화법연구』 9, 69-114.
조희정(2012), 「고전시가 교육에서 학습자의 정서와 비평」, 『고전문학과 교육』 24, 5-38
최강민(2009), 「해설비평, 비평의 타락인가 아니면 소통의 통로인가」, 『오늘의 문예비평』
최미숙(2012), 「문학 독서 교육에서 비평의 역할과 의미」, 『독서연구』 24, 111-140.
최인자(1995), 「김환태 인상주의 비평의 미학적 원리와 문학교육적 의미」, 『국어국문학』 115, 137-159.
최준호(2013), 「미적 경험의 본성과 그 실천적 함의」, 『헤겔연구』 33.
최현주 · 이병승(2013), 「듀이의 '반성적 사고'와 화이트헤드의 '리듬' 단계에 함의된 교육인식론 연구: 앎의 과정을 중심으로」, 『교육사상연구』 27-2, 한국교육사상연구회, 191-213.
한매(2002), 『朝鮮後期 金聖嘆 文學批評의 受容樣相 硏究』, 성균관대 박사학위논문.
함성민(2016), 『문학 현상 수용 과정에서 비판적 사고 연구』, 동국대 박사학위논문.
홍기태(2010), 「미적 체험의 이론적 고찰을 통해 본 미술교육적 함의」, 한국교원대 박사학위논문.
황호덕(2008), 「번역가의 윈손, 이중어 사전의 통국가적 생산과 유통」, 『상허학보』 28, 상허학회

2. 외국 자료

Abrams, M.H.(1953), The mirror and the lamp; romantic theory and the critical tradition, Oxford and London: Oxford Univ. Press.
Abrams, M.H.(1961), Glossary of literary terms, 최상규 역(1985), 『문학용어사전』, 대방출판사.
Arendt, Hannah(1959), The human condition, 이진우 · 태정호 역(1996), 『인간의 조건』, 한길사.
Bakhtin, Mikhail Mikhailovich(1981), 전승희 외 역, 『장편소설과 민중언어』, 창작과비평사, 1988.
Boughton, Douglas, Eisner, Elliot W, Ligtvoet, Johan(1996), Evaluating and assessing the visual arts in education, 김형숙 외 역(2006), 『시각예술에서 평가란 무엇인가』, 교육과학사.

Butler, Judith(2008), Gender trouble : feminism and the subversion of identity, 조현준 역(2013), 『젠더트러블』, 문학동네.

Carroll, Noël(2006) "Aesthetic Experience", Kieran, M.(ed), Contemporary Debates in Aestheics and the Philosophz of Art, Blackwell.

Carroll, Noël(2009), On Criticism, Routledge/Taylor & Francis.

Carroll, Noël(2009), On Criticism, 이해완 역(2015), 『비평철학』, 북코리아.

Christoph, Menke(2013), (Die) Kraft der Kunst, 신사빈 역(2015), 『예술의 힘』, W미디어.

David Ray Griffin, "Whitehead's Deeply Ecological Worldview", Mary Evelyn Tucker & John A. Grim(1994), Worldview and Ecology : Religion, Philosophy and the Environment(N.Y. : Associated University Press), pp.194-206.

Dewey, John(1934), Art as Experience, 박철홍 역(2016), 『경험으로서의 예술』1,2, 나남.

Dewey, John(1938), Experience and Education, 강윤중 역(2011), 『경험과 교육』, 배영사.

Dewey, John(1909), Moral Principles in Education, 조용기 역(2011), 『교육의 도덕적 원리』, 교우사.

Dewey, John(1916), Democracy and Education, 이홍우 역(2007), 『민주주의와 교육』, 교육과학사.

Donald, W. Sherburne ed.(1996), A Key to Whitehead's Process and Reality, 오영환 · 박상태 역(2010), 『화이트헤드의 과정과 실재』, 서광사.

Eagleton, Terry(1983), Literary Theory: an Introduction, 김현수 역(2001), 『문학이론입문』, 인간사랑.

Eisner, Eliot(1998), Educational criticism : elliot eisner's tool to inquire educational practice qualittively, 박승배 역(2006), 『교육비평』, 교육과학사.

Eliot, T. S(1933), The Use of poetry and the use of criticism : studies in the relation of criticism to poetry in England, London.

Eliot, T. S(1962), Tradition and the Individual Talent, Goldberg, G.J. & Goldberg, N.M. ed., The Modern Critical Spectrum, Englewood Cliffs.

Esslin, Martin, A Search of Subjective, 폴 헤르나디 편(1983), 『비평이란 무엇인가』, 예림기획.

Frye, N.(1957), Anatomy of Criticism, 임철우 역(1986), 『批評의 解剖』, 한길사.

Hough, Graham Goulden(1966), (An) essay on criticism, 고정자 역(1982), 『비평론』, 이화여대 출판부.

Husserl, Edmund, Ideen zu einer reinen Phanomenologie und phanomenologischen Philosophie, 이종훈 역(2009), 『순수 현상학과 철학의 이념들』, 한길사.

Husserl, Edmund(1996), Die Krisis der europaischen Wissenschaften und die transzendentale Phanomenologie: eine Einleitung in die phanomenologische Philosophie, 이종훈 역(2016), 『유럽 학문의 위기와 선험적 현상학』, 한길사.

Ken-ichi Sasaki(佐佐木健)(1995), Dictionary of aesthetics, 민주식 역(2002), 『미학사전』, 동문선.

Kriege, Muray(1976), Theory of criticism : a tradition and its system, 윤호병 역(2005), 『비평의 이론』, 현대미학사.

Miller, B.(1981), *Teaching the Art of Literature*, Urbana, IL:National Council of Teachers of English. pp.x-xv.

Ogilvie, Bertrand(1999), Lacan, la formation du concept de sujet : 1932-1949, 김석 역(2002), 『라캉, 주체 개념의 형성』, 동문선.

Ohmann, Richard, The Social Relations of Criticism, 폴 헤르나디 편(1983), 『비평이란 무엇인가』, 예림기획.

Rolston, David(1997), Traditional Chinese Fiction And Fiction Commentry, 조관희 역(2009), 『중국 고대소설과 소설 평점-행간 읽기와 쓰기』, 소명출판.

Sontag, Susan(1987), 이민아 역(2002), 『해석에 반대한다』, 이후.

Wellek, Rene(1965), A history of modern criticism : 1750-1950(v.1), London: Jonathan Cape.

Wellek, Rene and Warren, Austin(1966), Theory of Literature, Penguine Books, London.

Whitehead, A.N.(1929, 1961), The aims of education and other essays, 오영환 역(2004), 『교육의 목적』, 궁리.

Whitehead, A.N.(1925), Science and the Modern World, 오영환 역(1992), 『과학과 근대 세계』, 서광사.

Whitehead, A.N.(1929), Process and Reality:An Essay in Cosmology, 오영환 역(1991), 『과정과 실재』, 민음사.

Whitehead, A.N.(1933), Adventure of Ideas, 오영환 역(1997), 『관념의 모험』, 한길사.

Williams, Raymond, Marxism and literature, 박만준 역(2013), 『마르크스주의와 문학』, 지식을 만드는 사람들.

『康熙字典解釋』(1716)(www.baidu.com),

한국고전DB(http://db.itkc.or.kr/itkcdb/mainIndexIframe.jsp)

wikipedia(http://en.wikipedia.org/wiki)

저자 소개

김 혜 련

성신여자대학교 교육대학원 국어교육전공 부교수

주요 논저로 「근대 '국어' 교과의 개념 형성 연구」, 「비평에 대한 경험적 이해」, 『일제강점기 조선어과 교과서와 조선인』 등이 있고, 공저로 『문종의 기원』, 『문학교육개론』, 『근대 국어 교과서를 읽는다』 등이 있다.

국어 교육과 비평 경험

초판 1쇄 인쇄 2019년 12월 20일
초판 1쇄 발행 2019년 12월 27일

지은이 김혜련
펴낸이 이대현

책임편집 임애정 | **편집** 이태곤 권분옥 문선희 백초혜
디자인 안혜진 최선주 김주화 | **마케팅** 박태훈 안현진
펴낸곳 도서출판 역락 | **등록** 1999년 4월 19일 제303-2002-000014호
주소 서울시 서초구 동광로46길 6-6(반포4동 577-25) 문창빌딩 2층(우06589)
전화 02-3409-2060(편집부), 2058(영업부) | **팩시밀리** 02-3409-2059
전자우편 youkrack@hanmail.net
홈페이지 www.youkrackbooks.com

ISBN 979-11-6244-503-7 93370

정가는 뒤표지에 있습니다.

* 잘못된 책은 바꿔 드립니다.